T0208963

Führungskraft – und was jetzt?

Diana von Kopp

Führungskraft – und was jetzt?

Vom Kollegen zum Vorgesetzten:
Den Rollentausch meistern,
Lösungen aus Psychologie und Praxis

2. Auflage

 Springer

Dipl.-Psych. Diana von Kopp
Heidelberg

Ergänzendes Material finden Sie unter http://extras.springer.com/
Bitte geben Sie im Suchfeld die ISBN ein.

ISBN 978-3-662-50361-4   ISBN 978-3-662-50362-1 (eBook)
DOI 10.1007/978-3-662-50362-1

Die Deutsche Nationalbibliothek verzeichnet diese Publikation in der
Deutschen Nationalbibliografie; detaillierte bibliografische Daten sind im
Internet über http://dnb.d-nb.de abrufbar.

Springer
© Springer-Verlag Berlin Heidelberg 2014, 2017

Umschlaggestaltung: deblik Berlin
Einbandabbildung: privat

Gedruckt auf säurefreiem und chlorfrei gebleichtem Papier

Springer ist Teil von Springer Nature
Die eingetragene Gesellschaft ist Springer-Verlag GmbH Berlin Heidelberg

Geleitwort Jürgen Raps, ehemaliger Vorstand der Lufthansa AG

Sehr verehrte Damen und Herren,
es hilft sicherlich, darüber nachzudenken, warum man gerade Sie als Führungskraft ausgewählt hat. Sie sind Ihren Chefs positiv aufgefallen, haben gute Leistungen gezeigt, man traut Ihnen Potenzial für weitere, höhere, komplexere Aufgaben zu. Und nun müssen Sie in der praktischen Tagesarbeit zeigen, dass Sie dem allen gewachsen sind, dass Sie das Vertrauen verdienen, das Ihre Chefs in Sie setzen. Die Blicke Ihrer Mitarbeiter sind auf Sie gerichtet und alle möchten vom neuen Chef, von der neuen Chefin hören, was Sache ist. Machen Sie jetzt nicht den Fehler und schlüpfen Sie in ein neues »Führungsgewand«. Bleiben Sie authentisch. Man hat Sie ja schließlich ausgewählt, weil Sie eben so sind, wie Sie sind. Ihre neuen Mitarbeiter, Kolleginnen und Kollegen kennen Sie ja höchstwahrscheinlich bereits aus Tagen gemeinsamen Arbeitens. Also verstellen Sie sich nicht und spielen sie keine Rolle, die Ihnen nicht auf den Leib zugeschnitten ist. Führung ist keine Komödie und kein Theater. Authentisch und berechenbar müssen Sie sein und bleiben, um von Ihrem neuen Team ernst genommen und akzeptiert zu werden. Ja, Team – sie sind Teil des Teams, aber der wichtigste. Sie sind Motivator, Moderator und letztendlich Entscheider. Akzeptieren Sie auch, dass die Fachkompetenz einzelner Teammitglieder durchaus größer sein kann als die Ihre. Ihr Job ist, diese wertvollen Quellen nutzbar zu machen. Stellen Sie sich vor, Sie wären der Fußballbundestrainer und müssen mehrere Individualisten zu einem gemeinsamen, unschlagbarem Team formen. Natürlich sind gerade zu Beginn der Tätigkeit als Führungskraft die Fettnäpfchen reichlich verteilt und gut platziert. Und mit Sicherheit springt man auch in das eine oder andere mit beiden Beinen hinein. Man macht Fehler. Man trifft falsche Entscheidungen. Aber das ist allemal besser, als gar keine Entscheidung zu treffen. Ihre Mitarbeiter erwarten von Ihnen Entscheidungen. Gerade als Führungskraft werden Sie gefordert sein, ständig mehrere Entscheidungen pro Tag zu treffen. Machen Sie sich mit der Tatsache vertraut, dass bei zehn Entscheidungen vielleicht zwei wirklich gute dabei sind. Es gilt, die guten Entscheidungen mit den wichtigen zu synchronisieren. Wenn Sie Fehler machen, dann geben Sie diese auch zu. Das zeugt

von innerer Größe, wird von ihren Mitarbeitern positiv geschätzt und lässt Sie in ihrer Achtung steigen. Nehmen Sie Kritik offen und ehrlich an, solange sie konstruktiv ist. Übrigens, Kritik gilt meist Ihrem Amt, nicht Ihrer Person. Ich selbst habe zu Beginn meiner Führungsverantwortung ziemlich lange gebraucht, um Kritik nicht persönlich zu nehmen, fair und gelassen zu bleiben. Glauben Sie mir, es erleichtert ungemein, wenn man das klar trennen kann.

Eine meiner Führungsgrundsätze lautet: Am besten ist Klartext; sollte das nicht reichen: Klarsttext. Soll heißen, dass es nicht sinnvoll ist, lange um den sogenannten heißen Brei herumzureden. Die Mitarbeiter lieben es, wenn Sie schnell auf den Punkt kommen. Sie wollen wissen, um was es geht, worauf es ankommt und was von ihnen erwartet wird. Stehlen Sie ihnen nicht unnötig Zeit. Zeit ist gleichbedeutend mit Leben. Reden Sie mit Ihren Mitarbeitern, nehmen Sie sich die Zeit, durch die Büros oder Produktionshallen zu laufen, und hören Sie zu. Richtiges Zuhören will gelernt sein. Verstecken Sie sich nicht hinter dem Schreibtisch oder an Ihrem Arbeitsplatz. Sie müssen präsent sein, sichtbar, als Vorbild auftreten. Motivieren Sie – vor allem aber motivieren Sie sich selbst. Als Führungskraft darf man sich nicht zurücklehnen und warten, bis man von irgendjemandem motiviert wird. Wer sich selbst motiviert, motiviert automatisch seine Mitarbeiter.

Natürlich gäbe es noch sehr viel zum komplexen Thema Führung zu sagen und zu schreiben, aber das ist ja Aufgabe des Buches und nicht des Geleitwortes.

Ich wünsche Ihnen für Ihre zukünftige Tätigkeit als Führungskraft viel Erfolg, verständnisvolle Vorgesetzte, immer gut gelaunte, motivierte und freundliche Mitarbeiter, das berühmte Quäntchen Glück und die nötige Ausdauer und Kraft für Ihren anspruchsvollen, verantwortungsvollen Karrierepfad.

Herzlichst Ihr
Jürgen Raps

Vorwort

Ziel des Buches

Es gibt den geborenen Leader, glaubte man lange Zeit.

Hätte sich diese Annahme bestätigt, wären viele Chefposten unbesetzt geblieben. Das Gegenteil ist der Fall: Führungsfähigkeiten sind erlernbar. Ein beliebtes Forschungsziel weltweit ist es, die Gesetzmäßigkeiten idealer Führung herauszufinden. Wobei »ideal« in der jeweiligen Betrachtungsweise des Auftraggebers liegt. Wer in den Genuss einer Führungsposition gelangt, darf sich also einer Vielzahl von Studien und Literaturempfehlungen erfreuen. Meistens bleibt für deren Studium allerdings wenig Zeit, da sich im täglichen Leben Veränderungen größeren Umfangs ergeben. Ziel des vorliegenden Buches soll es daher sein, Führungskräften kurze und bündige Orientierung zu bieten sowie mit praxisnahen Werkzeugen den Einstieg in die Führungsrolle zu erleichtern.

Achtung:

Um die Lesbarkeit zu vereinfachen, wurde auf die zusätzliche Formulierung der weiblichen Form verzichtet. Selbstredend soll dieses Buch **beide** Geschlechter ansprechen.

Überblick

Führungsposition – das mag in manchen Ohren heroisch klingen. Wer allerdings Inhaber einer solchen ist, weiß, dass es in erster Linie eine Profession ist, ein Job, der zusätzlich zum Alltagsgeschäft besteht. Das kostet nicht nur Energie, sondern erfordert einiges an Talent und Fachkenntnis. Die Aufgaben sind so vielfältig wie anspruchsvoll und nicht selten wird man im Umgang mit Mitarbeitern mit den eigenen Grenzen konfrontiert. **Und was jetzt?**, mag sich so manch eine Führungskraft schon gefragt haben. Und vermutlich war das nicht die einzige Frage. Das ist gut so und völlig legitim. Fragen zu haben ist ein guter Anfang. Vorsorglich wurden in diesem Buch einige der typischen, unvermeidlichen Fragestellungen aufgenommen, Vorschläge und Anregungen zur Lösung inbegriffen.

Menschen zu führen, stellt eine Herausforderung dar. Im Berufsalltag ist das allerdings nur Teil eines Gesamtkomplexes, der sich Führung nennt und der folgende Bereiche umfasst:

- das Selbst,
- die Mitarbeiter,
- die Vorgesetzten sowie
- sämtliche Rahmenbedingungen, auch als Setting bezeichnet.

Fragen, die das Selbst oder die eigene Person betreffen

»Wer sich selbst gut führt, kann auch andere führen«, lautet eine Managementweisheit. Peter Drucker, Pionier und großer Vordenker der Managementlehre, formulierte es ganz ähnlich: »Nur wenige Menschen sehen ein, dass sie letztendlich nur eine einzige Person führen können und auch müssen. Diese Person sind sie selbst.« Voraussetzung zur Selbstführung ist die Selbsterkenntnis. Die Lektüre dieses Buches hilft Ihnen, sich folgenden Fragen anzunähern:

Welche Motive leiten mich? Welche Erwartungen habe ich, an mich selbst und an andere? Wie wirke ich auf andere? Wie gut ist meine Menschenkenntnis? Wie reagiere ich in Konfliktsituationen? Auf welche Ressourcen kann ich bauen? Wo liegen meine Stärken? Was sind meine Ziele und wie erreiche ich sie?

Fragen in Bezug auf Mitarbeiter

Sie sind auf verlässliche, loyale Mitarbeiter angewiesen. Deren Vertrauen zu gewinnen, ist wichtig. Soviel ist Ihnen vielleicht schon klar.

Aber wie soll das funktionieren, werden Sie sich fragen. Was bedeutet eigentlich Führen, und welcher Führungsstil passt zu mir? Was muss ich tun, um als Führungskraft respektiert zu werden? Wie setzte ich Entscheidungen durch? Wie soll ich im Konfliktfall reagieren?

Wenn Sie erst einmal beginnen darüber nachzudenken, wird Ihnen vielleicht schon ganz flau im Magen. Bevor Sie jetzt weitergrübeln, lesen Sie lieber ► Kap. 2 zur Mitarbeiterführung.

Fragen in Bezug auf Vorgesetzte

Offensichtlich gab es gute Gründe, Sie in eine Führungsposition zu befördern. Nun wollen Sie den Erwartungen auch gerecht werden.

Aber welche Erwartungen waren es nochmal genau? Und womit lassen sich Chefs beeindrucken? Wie verhält man sich am besten? Was ist zu tun, wenn der Vorgesetzte sich als schwierig entpuppt? Wie gelingt es dennoch, vernünftig zusammenzuarbeiten?

Hoffentlich sind Sie nach der Lektüre etwas schlauer und bestens vorbereitet, allen Erwartungen zur vollsten Zufriedenheit gerecht zu werden.

Fragen zu den Rahmenbedingungen, dem Setting

Vielleicht bleiben Sie in Ihrem Team und leiten es fortan. Möglicherweise gehören Sie auch zu jenen, die ihre Abteilung wechseln, oder gleich das Unternehmen. In jedem Fall werden Sie mit Veränderungen konfrontiert. Bevor Sie so richtig loslegen können, gibt es einige organisatorische Fragen zu klären:

Wer sind meine Ansprechpartner? Wer ist für welchen Bereich zuständig? Welche Netzwerke existieren und wie knüpfe ich Netzwerke? Wie erhalte ich am schnellsten Einblick in die Firmenkultur? Wie organisiere ich meinen Arbeitstag? Wie gewinne ich Zeit? Wie nutze und gestalte ich Rahmenbedingungen für erfolgreiches Arbeiten?

Aufbau des Buches

Dieses Buch ist in vier Kapitel aufgeteilt. Sie befassen sich mit:
1. Selbstführung,
2. Mitarbeiterführung,
3. Vorgesetzten und
4. Setting.

Zu Beginn eines jeden Kapitels erhalten Sie einen allgemeinen Überblick. Daran schließen sich Informationen, Beispiele aus der Praxis, Möglichkeiten zur Selbstreflektion und Lösungsvorschläge für konkrete Situationen an. Abschließend folgen jedem Kapitel kurze Zusammenfassungen.

Im Anhang finden Sie fünf Interviews von Führungskräften aus unterschiedlichen Berufsfeldern. Die Interviewpartner ermöglichen dabei einen Einblick in ihre Arbeit als Führungskraft und geben frischen Führungskräften praktische Tipps. Vier der fünf im Anhang des Buches abgedruckten Interviews können im Originalton angehört werden: Auf http://extras.springer.com (dort die ISBN des Buches eingeben: 978-3-662-50361-4) finden Sie mp3-Files zum Download.

Die Autorin

Dipl.-Psych. Diana von Kopp

Die Autorin ist Diplompsychologin mit den Schwerpunkten Wirtschaftspsychologie und Human Resource Management. Sie lehrt als Dozentin an Hochschulen, u. a. in den Fächern Persönlichkeitspsychologie und angewandte Psychologie. Für Unternehmen entwickelt Diana von Kopp praxisnahe Trainingskonzepte, an deren Umsetzung sie mit Mitarbeitern vor Ort beteiligt ist. So schult sie gemeinsam mit Kapitänen der Condor Flugdienst GmbH Führungskompetenzen von Piloten. Methodische Basis stellen dabei die Techniken und Erkenntnisse der humanistische Psychologie, sowie der Systemtheorie dar. Wert legt Diana von Kopp auf die interdisziplinäre Verzahnung der Psychologie mit den Bereichen Wirtschaft, Kultur, Technik und Medizin. Ihr Anliegen und Ziel ist es, Psychologie für jedermann greifbar und nutzbar zu machen.

Danksagung

Dieses Buch basiert auf den Erfahrungen einer Vielzahl von Menschen. Einige dieser Erfahrungen sind als Beispiele aufgelistet, andere in Form von Interviews. Und doch stellen sie damit nur einen Bruchteil dessen dar, was in der Gesamtheit vorhanden ist. Seminarteilnehmer, Moderatorenkollegen, Freunde und Förderer, sie alle haben ihren Anteil, indem sie mir ihre persönliche Sichtweise als Führungskraft und ihre Methoden zu Handeln gezeigt haben. Darum gilt der Dank ausdrücklich jedem Einzelnen.

Darüber hinaus danke ich meinen eifrigen Testlesern Martina, Markus und Michael für die wertvollen Hinweise und Daniela Böhle für das gewissenhafte Lektorat und all die klugen Fragen. Danke an Ulrike Hartmann für den Ansporn und an Joachim Coch vom Springer-Verlag für die gute Zusammenarbeit. Danke an meine Familie für alles.

Inhaltsverzeichnis

Selbstführung

Diana von Kopp

D. von Kopp, *Führungskraft – und was jetzt?*,
DOI 10.1007/978-3-662-50362-1_1, © Springer-Verlag Berlin Heidelberg 2017

Was haben Motive, innere Antreiber, Körpersprache und Menschenkenntnis mit Führung zu tun? Sich damit auseinandergesetzt zu haben, bedeutet Kenntnis über persönliche Stärken und Schwächen zu haben. Darüber hinaus ermöglicht es, im richtigen Moment aus einer Schwäche eine Stärke zu machen und objektives Urteilsvermögen zu beweisen. Damit Ihnen das gelingt, lesen Sie das Kapitel zur Selbstführung.

1.1   Motive

■ **Überblick**

Ist es ein Zufall, dass Ihnen eine Führungsposition angeboten wurde? Wohl kaum, und wenn es Ihnen wie ein solcher erscheint, dann haben Sie diesen Augenblick, an dem der Zufall Ihnen begegnete, gut vorbereitet.

Um so weit zu kommen, haben Sie einiges geleistet. Sie haben hart gearbeitet und richtige Entscheidungen getroffen – mal aus dem Kopf, mal aus dem Bauch heraus. Neben logischen und formalen Gründen gab es vielleicht auch so etwas wie ein intuitives Gespür. Möglicherweise war dieses »Gespür« auch einfach ein Motiv. Motive steuern uns ebenfalls zu weiten Teilen unbewusst.

Zusammen mit der jeweiligen Situation, in der wir uns befinden, ergeben sie unsere Motivation (◘ Abb. 1.1).

David McClelland, ein US-amerikanischer Verhaltens- und Sozialpsychologe hat herausgefunden, dass für jeden Menschen eine **Kombination aus drei Grundmotiven** existiert. Diese Grundmotive sind das Leistungsmotiv, das Machtmotiv und das Anschlussmotiv (◘ Abb. 1.2).

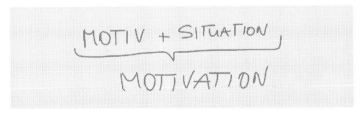

◘ **Abb. 1.1** »Motivation«: Aus der Motivationspsychologie ist bekannt, dass für Motivation zwei Dinge notwendig sind: zum einen inneren Motive und zum anderen die Situation, in der sie zur Entfaltung kommen.

■ **Abb. 1.2** Motive

1.1.1 **Motivarten**

■ **Das Leistungsmotiv**

Hinter diesem Motiv verbirgt sich das Streben nach Weiterentwicklung, Erfolg und Perfektion. Leistungsmotivierte Menschen sind überdurchschnittlich ehrgeizig, sind ausdauernd und diszipliniert und können große Anstrengungen auf sich nehmen, um ihre Ziele zu erreichen. Im Alltag sind leistungsmotivierte Menschen daran zu erkennen, dass sie ihre Ziele konsequent verfolgen und sich seltener ablenken lassen. Sie stecken viel Zeit und Energie in ihre Projekte, sind interessiert, offen und wissbegierig. Leistungsmotivierte finden sich überdurchschnittlich häufig unter Experten und Spezialisten sowie im Leistungssport. In ihrer Arbeitsweise sind sie daran zu erkennen, dass sie ihre Aufgaben mit Disziplin, Gewissenhaftigkeit, Zuverlässigkeit und einem gewissen Streben nach Perfektion erledigen.

■ **Das Machtmotiv**

Hinter diesem Motiv steht der Wunsch nach Einflussnahme, sowohl auf Menschen als auch auf Situationen. Es sind Macher und Gestalter, die ein ausgeprägtes Machtmotiv haben. Ihnen gemeinsam ist ein Bedürfnis nach Kontrolle, das allerdings einem Mangel an Vertrauen in andere entspringen kann. Bevor sie ihr Schicksal einem anderen in die Hände geben, gestalten sie es lieber selbst. Menschen mit einem ausgeprägten Machtmotiv finden sich häufig in leitenden Funktionen, in Ehrenämtern, in der Politik, im Lehrer- und Therapeutenberuf und überall dort, wo sie etwas bewegen können.

Abb. 1.3 »Aufsuchendes Motiv«

■ **Das Anschlussmotiv**

Das Anschlussmotiv ist das »Beziehungs-Gen« unter den Motiven. Jeder Mensch strebt nach Anerkennung, Zuwendung und Dazugehörigkeit. Schon aus diesem Grund steckt in jedem von uns eine gehörige Portion Anschlussmotiv. Allerdings gibt es Menschen, die besonders gerne und häufig den Kontakt mit ihren Mitmenschen suchen. Bei ihnen ist das Anschlussmotiv dann ein Leitmotiv. Ihnen gemeinsam sind hohe kommunikative Fähigkeiten und zwischenmenschliche Sensibilität. Daher sind diese Menschen, deren Leitmotiv das Anschlussmotiv ist, häufig in Berufen anzutreffen, die genau diese Qualitäten erfordern. Beispielsweise in sozialen Berufen, im Kundenservice oder in Beratungsstellen.

1.1.2 Motive veranlassen uns, Situationen aufzusuchen

Motive bringen uns dazu, dass wir uns in bestimmte **Situationen begeben**, indem wir beispielsweise bestimmte Berufe wählen oder uns motivtypische Hobbies suchen. So bringt uns das Anschlussmotiv dazu, dass wir soziale Netzwerke pflegen, oder das Machtmotiv, dass wir Einfluss nehmen wollen, z. B. in Ehrenämtern oder in Führungspositionen. Jemand mit einer hohen Leistungsmotivation besucht in seiner Freizeit vielleicht gerne Fortbildungen oder eignet sich auf andere Weise Wissen und Können an (■ Abb. 1.3). Oder er trainiert für einen Wettkampf. Die Motivation hierfür muss er nicht erst aufbringen, sie ist gewissermaßen schon da, weil das Motiv Motor ist.

1.1.3 Situationen können Motive aktivieren

Umgekehrt können Situationen Motive aktivieren. Das kennen Sie vielleicht aus eigener Erfahrung. Sie spielen mit Freunden ein Spiel und plötzlich sind Sie besonders ehrgeizig. Das war Ihr Leistungsmotiv, das sich da zu Wort meldete. Vielleicht haben Sie auch schon Situationen erlebt, in denen es Ihnen schwer gefallen ist, jemandem, der offensichtlich falsch gehandelt hat, die Meinung zu sagen. Besonders, wenn Ihnen dieser Mensch grundsätzlich sympathisch ist. Ihr Anschlussmotiv möchte die Harmonie aufrechterhalten und Auseinandersetzungen vermeiden. Kein Wunder also, dass Sie so freundlich reagieren.

Sie sind gerade im Begriff, eine Führungsposition anzunehmen oder sind bereits im Besitz einer solchen. Diese Position wird automatisch Einfluss auf Ihr Denken und Handeln haben. Möglicherweise werden sich sogar einige Ihrer persönlichen Wertvorstellungen verschieben. Sie glauben das nicht? Im Kapitänstraining der Lufthansa besteht eine Aufgabe darin, sich eine Vision zu schaffen, wie man als Kapitän gerne sein möchte, welche Eigenschaften man sich vorstellt, wie man auf seinen Copiloten reagieren möchte. Während man selbst Copilot ist, also seine Erfahrungen mit den verschiedensten Kapitänen und deren Führungsstil macht, neigt man vielleicht dazu, sich ein besonders schönes Bild von sich selbst als Kapitän auszumalen. In der Praxis gibt es allerdings Situationen, in denen man diesem Wunschbild nicht immer entsprechen kann. Führen ist komplexer, als von außen betrachtet. Allein die Tatsache, dass der Führende die (oft alleinige) Verantwortung trägt, ändert vieles. Regeln missachten? Das eigene Ding durchziehen? Auf der Firmenfeier über die Stränge schlagen? Muss nicht sein, wenn man als Vorbild ernst genommen werden möchte. Von jetzt ab stehen Sie im Fokus, es liegt an Ihnen, was Sie daraus machen. Führungspositionen haben das, was man im englischen Sprachgebrauch »positional power« nennt. Eine Positionsmacht also – und diese weckt, wie das Wort schon sagt, das Machtmotiv. Sie weckt also das Bedürfnis nach Einflussnahme und Kontrolle. Das ist gut so, allerdings sollten Sie auch bedenken, auf die richtige Balance zu achten, anderen ebenfalls Einfluss zu ermöglichen und Vertrauen zu schenken.

◻ Abb. 1.4 Aktivierende Situation

1.1.4 Motivkombination

Wichtig ist noch einmal zu erwähnen, dass es sich wirklich bei jedem Menschen um eine Kombination aus den drei genannten Motiven handelt, die das Verhalten steuert. Der eine hat einen größeren Anteil vom Anschlussmotiv, der andere einen größeren Anteil vom Leistungs- oder Machtmotiv.

≫ Die individuelle Motivkombination ist nicht in Stein gemeißelt und kann im Laufe des Lebens immer wieder bis zu einem gewissen Grad variieren.

Lesen Sie, warum Sie als Führungskraft Ihre eigenen Motive und die Ihrer Mitarbeiter kennen sollten.

1.1.5 Leistungsmotiv

Wenn Michael Phelps, einer der erfolgreichsten Schwimmer der Gegenwart, trainiert, perfektioniert er seinen Körper bis ins kleinste Detail. Dabei verspürt er gewiss nicht nur Freude, doch im Grunde seines Herzens trägt ihn sein Siegeswille über die schwierigsten Momente. Mit Energie und Ausdauer bleibt er bei der Sache. Nun braucht nicht jeder ein Leistungssportler zu sein. Leistungsmotive gibt es quer durch alle Berufsgruppen. Leistungsmotivierten Menschen gemeinsam sind folgende Eigenschaften: Sie wollen

- Herausforderungen annehmen,
- einen hohen Standard erreichen,
- ganz in einer Sache aufgehen,
- Probleme überwinden,
- etwas besser und schneller tun,
- andere im Wettbewerb übertreffen,
- das Beste aus sich herausholen und
- das eigene Talent beweisen.

Als Leser dieses Buches ist anzunehmen, dass **auch Sie über ein hohes Leistungsmotiv verfügen.** Denn Sie sind a) vermutlich aufgrund Ihrer guten Leistungen befördert worden, b) Sie haben die Herausforderung angenommen und c) haben Sie sich extra ein Buch gekauft, um sich auf Ihren Job als Führungskraft vorzubereiten. Der Wunsch, das Beste aus sich herauszuholen, ist Ihnen also sehr vertraut. Das klingt alles erst einmal sehr positiv.

❯ **Kritisch wird es dann, wenn Sie den eigenen hohen Standard auf andere Menschen übertragen.**

Gehen Sie dabei zu ehrgeizig zur Sache, erreichen Sie leider genau das Gegenteil. Mitarbeiter sind demotiviert, steigen innerlich aus und warten geradezu darauf, dass auch Sie einmal einen Fehler machen.

❯ **Typisch für ein ausgeprägtes Leistungsmotiv ist es, Dinge im Alleingang zu erledigen.**

Das ist vermeintlich effizienter. Jedoch gehen dabei wertvolle Ressourcen verloren. Mitarbeiter, die glauben, dass sie nicht gebraucht werden, steigen innerlich aus, denken nicht mit und werden im ungünstigsten Fall zu Widersachern.

Beispiel

Larissa ist zur Teamleiterin ernannt worden. Sie ist hocherfreut, sehr motiviert und möchte natürlich die an sie gestellten Erwartungen zur vollsten Zufriedenheit erfüllen. Larissas Arbeitsstil könnte man als gründlich, gewissenhaft und zielstrebig beschreiben. In ihrem Team galt sie bis zu ihrer Beförderung als die sympathische Überfliegerin. Nach einigen Wochen bekommt Larissa allerdings ein Problem. Die Leute ziehen nicht mehr mit. Wiederholt ärgert sie sich über Unzuverlässigkeiten. Dinge, die nicht rechtzeitig erledigt wurden, macht sie dann selbst. Das kostet sie Zeit und Kraft. Den Spagat zwischen den Anforderungen der Geschäftsleitung an sie und dem mäßig funktionierenden Team empfindet sie als aufreibend. Sie wird zunehmend gereizt und auch privat laufen die Dinge seitdem nicht mehr so gut.

- **Ursache**
- ■ **Möglichkeit 1**

Larissa hat offensichtlich ein starkes **Leistungsmotiv**. Sie möchte unbedingt die beste Arbeit abliefern. Den gleichen Anspruch hat sie auch an ihre Mitarbeiter. Dabei übersieht sie einen wichtigen Punkt:

⟫ **Nicht jeder kann und will ständig Höchstleistungen erbringen.**

Wenn Larissa die Leistungsmotivation ihrer Mitarbeiter steigern möchte, sollte sie die **richtigen Strukturen erzeugen:**

- erreichbare und realistische Ziele setzen,
- individuelle Zielvereinbarungsgespräche führen,
- kleine wie große Erfolge loben und
- gezielt Unterstützung anbieten.

Darüber hinaus sollte sie

- die Leistungserwartungen der Geschäftsleitung an sie offenlegen und
- im Gespräch mit den einzelnen Mitarbeitern nach Qualifikationen und Stärken forschen, um später Aufgaben zu delegieren.

In Bezug auf Abgabetermine helfen verbindliche Absprachen, die am besten in Schriftform vorliegen.

■ ■ **Möglichkeit 2**

Eine weitere Ursache für die Startschwierigkeiten auf beiden Seiten könnte folgende sein: Es ist möglich, dass Larissa viele anschlussmotivierte Personen in ihrem Team hat. Arbeit soll Spaß machen, lautet hier der Grundsatz. Das **Anschlussmotiv** verlangt nach Zuspruch, Zusammenhalt und Geselligkeit. Ein hoch leistungsmotivierter Mensch empfindet Geselligkeit am Arbeitsplatz jedoch leicht als störend, ablenkend, ja sogar als hinderlich. Larissa sollte auf die richtige Mischung achten. Leistung erwarten, aber gleichzeitig viel loben und den Zusammenhalt stärkende Maßnahmen ergreifen.

Warum sie das tun sollte? Weil sie nicht nur an kurzfristigen guten Ergebnissen interessiert ist, sondern längerfristig gemeinsam mit ihren Mitarbeitern Erfolge erzielen möchte.

■ ■ **Möglichkeit 3**

Etwas ganz anderes könnte jedoch auch der Fall sein:

Dass es Kollegen gibt, die ihr ihren Erfolg neiden, z. B. weil sie ebenfalls zur Auswahl für die Position standen. Nun haben sie innerlich zum Boykott aufgerufen und versuchen darüber hinaus, andere gegen Larissa aufzuwiegeln. Dieses Boykottieren entspringt dem **Machtmotiv**. Larissa hat verschiedene Möglichkeiten, Einfluss darauf zu nehmen. Sie kann Macht demonstrieren und Sanktionen einleiten. Die bessere Alternative wäre: um ein klärendes Gespräch bitten und nach Möglichkeiten suchen, wie der Betreffende quasi unter Anleitung Einfluss nehmen darf, z. B. indem Verantwortlichkeiten an ihn delegiert werden.

■ **Fazit**

Ein starkes Leistungsmotiv ist gut, solange es Vorbildfunktion erfüllt und die individuellen Bedürfnisse der einzelnen Gruppenmitglieder, trotz der hohen Anforderungen, berücksichtigt.

⧉ In jedem Fall ist es für Einsteiger in eine Führungsposition ratsam, unmittelbar vor Antritt der Position ein Gespräch mit den Kollegen zu suchen. Hierbei sollte Verständnis für die neue Situation gezeigt und deutliches Interesse an positiver, gemeinsamer Arbeit signalisiert werden.

1.1.6   Machtmotiv

Was haben alle Mächtigen gemeinsam? Sie teilen Durchsetzungswillen, Überzeugungskraft und den Wunsch nach Einflussnahme. Kommt die Bereitschaft zur Übernahme von Verantwortung hinzu, sind dies klassische Anforderungen an eine Führungsposition. Ein gut ausgeprägtes **Machtmotiv ist notwendig, um andere zu führen.** Führung bedeutet, Menschen zu mobilisieren und zu einem gemeinsamen Ziel hinzuführen. Hierzu sind Energie und Überzeugungskraft notwendig, allerdings auch ein gewisses Maß an Vertrauen in die Fähigkeiten anderer Menschen. Und hier liegt der **Schwachpunkt des Machtmotivs: das Bedürfnis, jederzeit die Kontrolle zu behalten.** Diesem liegt ein Mangel an Vertrauen in die Fähigkeiten anderer Menschen zugrunde, getreu dem Motto: »Bevor ein anderer es nicht richtig macht, mache ich es lieber selbst.« Wer spürt, dass er gerne und gründlich über alle Abläufe und Geschehnisse Bescheid wissen möchte, tut gut daran, sich im Loslassen zu üben. Das spart nicht nur Zeit und Kraft, sondern stärkt auch die Eigeninitiative und Verantwortung der Mitarbeiter.

⧉ Sich der Kontrolle und Einflussnahme zu entziehen, ist typisch für demotivierte Mitarbeiter. Allein diese Tatsache erklärt, wie wichtig es ist, auf unterschiedliche Interessen und Bedürfnisse einzugehen, anstatt sie mit der Demonstration von Macht zu unterdrücken.

Auch gilt: Mitarbeiter mit einem hohen Machtmotiv, denen Einflussnahme verwehrt wird, finden sich häufig in Positionen von informellen Leadern, d. h. sie schaffen sich ihre eigene Führungsposition, indem sie die Interessen der Kollegen vertreten und dadurch deren Vertrauen geschenkt bekommen. Diese informellen Leader sollten Sie auf jeden Fall identifizieren und nach Möglichkeit mit ihnen kooperieren, da sie Einfluss auf Ihre Mitarbeiter haben und Stimmungsbilder beeinflussen können. Wenn eine Kooperation nicht möglich ist, sollten Sie informellen Leadern andere Möglichkeiten der Einflussnahme und Gestaltung geben, als sich in Ihre persönliche Führungsarbeit einzumischen. Hilfreich wäre an dieser Stelle ein eigener, klar abgetrennter Kompetenzbereich mit Führungsaufgaben.

Viele starke Persönlichkeiten haben ihren Einfluss auf andere Menschen genutzt, um diese zu stärken, zu fördern und zu unterstützen. Ihnen gemeinsam sind:

- Überzeugungskraft,
- Durchsetzungswille,
- Verantwortungsbereitschaft,
- das Bedürfnis, Einfluss auf andere Menschen auszuüben,
- die Wahl einflussreicher Berufe,
- Gestaltungswille,
- Geltungsbedürfnis und
- Kontrollbedürfnis.

Beispiel

Holger hat das Unternehmen gewechselt. In seinem neuen Job ist er verantwortlich für den Bereich Qualitätssicherung. Damit hat Holger erstmals in seinem Leben eine Führungsposition inne. Sein Gehalt hat sich deutlich verbessert, der Umzug in die neue Stadt war von dieser Seite her gesehen durchaus lohnenswert. Nun liegt Holger viel daran, alles richtig zu machen. Seinen Mitarbeitern gegenüber gibt er sich förmlich und reserviert. Er hält es für sinnvoll, Autorität aufzubauen. Vertrauen ist gut, Kontrolle ist besser, lautet sein Credo. Diese Kontrollen sind zeitaufwendig. Irgendwann stößt er auf die eine oder andere Unregelmäßigkeit. Zunehmend wird er misstrauischer. Er stellt die Leute zur Rede. Als er eine in seinen Augen flapsige Antwort erhält, fährt er aus der Haut. Er verbittet sich solche Respektlosigkeiten. Er möchte ernst genommen werden. Er denkt darüber nach, wie ihm das gelingen kann.

Was könnte Holger tun?
Holger sollte v. a. eines: aufhören, die Dinge von seiner Warte aus zu betrachten. Er sollte **sich Zeit nehmen, auf seine Mitarbeiter einzugehen.** Beson-

ders da er neu im Unternehmen ist, bedarf es einer Zeit der gegenseitigen Annäherung. Was ihm definitiv hilft, ist Vertrauen. Schafft er es, seinen Mitarbeitern Vertrauen entgegenzubringen, ihnen zu signalisieren, dass er an ihre Fähigkeiten glaubt, werden sie umgekehrt auch ihm vertrauen.

> ❯❯ **Wo Mitarbeiter spüren, dass ihnen Misstrauen entgegenschlägt, verweigern sie ihr Vertrauen. Spüren sie dagegen Wertschätzung und ehrliches Interesse, kann daraus eine solide gemeinsame Vertrauensbasis wachsen.**

Wenn es Holger schwerfällt zu vertrauen, könnte er in einem ersten Schritt zwei erfahrene Mitarbeiter seines Vertrauens bestimmen. Mit ihnen gemeinsam kann er herausfinden, wie Kontrolle stattfinden kann und dennoch ein Klima der Wertschätzung erhalten bleibt. Was die flapsige Antwort angeht, so wird Holger dies auch in Zukunft nicht vermeiden können, indem er sich mit erhobenem Zeigefinger Respektlosigkeit verbittet. **Autorität** kann man schlecht einfordern. Man hat sie. Sie drückt sich aus in innerer Stärke und Kompetenz. Einer natürlichen Autorität gegenüber verhalten sich Mitarbeiter kooperativ und wertschätzend. Klar kann man auch autoritäres Verhalten zeigen und **Angst** erzeugen. Angst gilt in Führungsetagen leider noch immer noch als verbreitetes Instrument. Allerdings sei jedem davon abzuraten, sie zu erzeugen. Denn Angst ist eine starke Emotion und blockiert damit Denkvermögen und Kreativität und wirkt sich überdies negativ auf die Gesundheit aus.

> ❯❯ **Wer langfristig erfolgreich führen möchte, sollte auf autoritäres Verhalten verzichten und auf der Basis von Kompetenz eine natürliche Autorität aufbauen.**

■ **Hinweis**

Indem Sie autoritäres Verhalten zeigen, riskieren Sie, nicht ernst genommen zu werden. Diese Gefahr besteht besonders dann, wenn Sie eine relativ **junge Führungskraft** in einem Team von weitaus **erfahreneren Kollegen** sind. Um Autoritätsverlust zu verhindern, sollten Sie **besser jenen Stärken vertrauen, die Sie in die Führungsposition gebracht haben:** Ihre fachliche und soziale Kompetenz und Ihr Potential die Führungsposition auszufüllen. Und dann haben Sie ja auch noch die »positional power«, die Sie zwar nicht in jedem Moment auszuspielen brauchen, aber auf deren Steigbügel Sie ruhig mal klettern dürfen, wenn es die Situation verlangt. Oft hilft schon ein einleitender Satz wie: »Als Teamleiter trage ich in dieser Sache Verantwortung …«, um die eigene Position zu verdeutlichen.

▪ **Fazit**

Führung gelingt dann, wenn Vertrauen und Kontrolle in einem guten Verhältnis zueinander stehen.

1.1.7 Anschlussmotiv

Das Anschlussmotiv macht uns zu geselligen Menschen. Wer über ein starkes Anschlussmotiv verfügt, legt besonderen Wert auf ein harmonisches Miteinander, empfindet Konflikte als belastend und räumt freundschaftlichen Beziehungen einen großen Stellenwert ein. Es gibt Berufsgruppen, Flugbegleiter etwa, die für das Wohl einer großen Anzahl von Menschen Verantwortung tragen. Umgänglichkeit, Offenheit, Besonnenheit und Toleranz sind dafür notwendige Voraussetzungen. Die Auswahlkriterien bestehen daher zu einem Großteil aus den Indikatoren des Anschlussmotivs:

- Kontaktfreudigkeit,
- Besonnenheit im Umgang mit Konflikten,
- Toleranz gegenüber anderen,
- positive Ausstrahlung,
- Liebenswürdigkeit,
- Wunsch nach Anerkennung und
- hohe Teamfähigkeit.

Menschen mit einem hohen Anschlussmotiv sind besonders empfänglich für Zuspruch, Wertschätzung und den Zusammenhalt stärkende Maßnahmen. Sie brauchen soziale Kontakte und eine Arbeitsatmosphäre, die von einem Miteinander geprägt ist. Fehlen ihnen diese Dinge am Arbeitsplatz, verlieren sie die Freude am Arbeiten. Darauf sollten Sie als Führungskraft achten und vorbeugend handeln, indem Sie den Teamgeist und das Wir-Gefühl stärken, auf persönliche Interessen achten und hin und wieder für eine Auflockerung der Arbeitsroutine sorgen. Ein besonderes Talent anschlussmotivierter Menschen ist ihre Fähigkeit, Kontakte zu knüpfen und Netzwerke zu pflegen. Ermöglichen Sie Mitarbeitern mit diesem Talent, diese Fähigkeiten am Arbeitsplatz zu nutzen, indem Sie ihnen beispielsweise das Kundenmanagement übertragen oder ihnen einen besonderen Platz einräumen unter dem Gesichtspunkt, den Zusammenhalt im Team zu stärken und zu pflegen. Die Gefahr eines zu hohen Anschlussmotivs besteht darin, Konflikte zu vermeiden. In dieser Hinsicht brauchen besonders anschlussmotivierte Personen Zuspruch, auch einmal aktiv aus sich heraus eine Meinung zu vertreten.

Beispiel

Steven arbeitet als Softwareentwickler. In seinem Team ist er sehr beliebt. Die Kollegen untereinander haben einen lockeren, freundschaftlichen Umgang. Als Steven die Teamleitung übernimmt, geschieht dies aufgrund seiner sehr guten Leistungen. Als Teamleiter hingegen erlebt er es als schwierig, Entscheidungen konsequent zu vertreten. Wiederholt kommen Kollegen auf ihn zu und versuchen, ihn zu vermeintlich besseren, oftmals auch einfach nur bequemeren Varianten zu überreden. Dabei appellieren sie an die gemeinsame Freundschaft und an das Zusammengehörigkeits-gefühl im Team. Steven möchte das gute Arbeitsklima auf keinen Fall gefähr-den. Gleichzeitig ist er für die Ergebnisse des Teams verantwortlich. Außer-dem ärgert es ihn, wenn die Kollegen seine Position auf diese Weise unter-graben.

Steven hat ein ausgeprägtes Anschlussmotiv und ein hohes Leistungsmotiv. Sein neuer Job hat eine hohe Positionsmacht oder »positional power«. Das verlangt nach einer gewissen Führungsstärke.

Steven hat einen guten Draht zu seinen Kollegen, er wird respektiert und man vertraut ihm. Das sind wunderbare Voraussetzungen zur Füh-rung.

Jedoch sollte Steven an seinem **Auftreten** arbeiten. Eventuell wirkt er zu nachgiebig auf andere und leicht zu beeinflussen. Steven muss **Grenzen ziehen**.

> **Durchsetzungskraft ist eine Frage der Körpersprache und der Stimmlage.**

Möglicherweise muss Steven hieran arbeiten. Ein fester Standpunkt und ein aufgerichtetes Rückgrat sind reine Übungssache und sie verhindern, dass Steven mit seinen Entscheidungen ins Wanken gerät. Körpersprache lässt sich trainieren. Steven könnte sich einen Input in dieser Richtung holen, beispielsweise in Form eines Präsenz- und Stimmtrainings.

■ **Fazit**

Das Anschlussmotiv macht uns zu Teamplayern und bringt Freude und Harmonie in unsere zwischenmenschlichen Beziehungen. Als Leitmotiv in einer Führungsposition taugt es allerdings nur bedingt. Wie überall, kommt es auch hier auf die richtige Dosierung an.

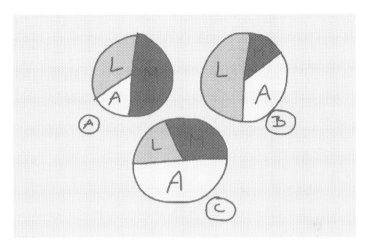

◘ Abb. 1.5 Motivtypen und Persönlichkeit

1.1.8 **Motivtypen und Persönlichkeit**

Grundsätzlich gibt es so viele Motivkombinationen wie es Menschen gibt. Allerdings gibt es einige typische Ausprägungen für gewisse »Persönlichkeitstypen« (◘ Abb. 1.5).

So haben z. B. »dominante Chefs« gemeinsam, dass sie ein hohes Machtmotiv bei geringem Anschlussmotiv besitzen. Umgekehrt kann sich auch bei demotivierten Mitarbeitern ein hohes Machtmotiv zeigen, dann nämlich, wenn sie sich zum Boykott zusammenschließen. Was sie jedoch von dem dominanten Chef unterscheidet, ist das hohe Anschlussmotiv. Der Typ »sympathischer Überflieger« verfügt dagegen über ein hohes Leistungsmotiv mit gutem Anschlussmotiv. Das Machtmotiv ist hier eher gering ausgeprägt.

- **Typ A: »Dominanter Chef«**

Hohes Machtmotiv, hohe Leistungsanforderungen und geringes Anschlussmotiv

Leistungsmotiv	Anschlussmotiv	Machtmotiv
Hoch	Gering	Hoch

- **Typ B: »Beliebter Alleskönner mit geringer Durchsetzungs-kraft«**

Starkes Leistungsmotiv, hohes Anschlussmotiv, geringes Machtmotiv

Leistungsmotiv	Anschlussmotiv	Machtmotiv
Hoch	Hoch	Gering

- **Typ C: »Demotivierter Mitarbeiter«**

Hohe Anschlussmotivation, verweigernde Machtstrategien, geringe Leistungsbereitschaft

Leistungsmotiv	Anschlussmotiv	Machtmotiv
Gering	Hoch	Hoch

Selbstcheck

Skizzieren Sie sich selbst und die Mitglieder Ihres Teams nach dem oben gezeigten Schema. Dabei geht es v. a. darum, Tendenzen zu erfassen. Vertrauen Sie daher auf Ihr Gespür. Folgende objektive Merkmale können Sie zur Unterstützung heranziehen:

Leistungsmotiv: Ausbildung, Zusatzqualifikationen, Gewissenhaftigkeit, Zuverlässigkeit, Leistungsbereitschaft

Machtmotiv: Gruppensprecherfunktion, Informationsträger, informeller Leader, Statussymbole, Anspruch auf Führungsposition, Verantwortungsbereitschaft, Geltungsbedürfnis, Einflussnahme

Anschlussmotiv: Kontaktfreudigkeit, Beliebtheit, Konsensorientierung, Sensibilität, gute Kommunikationsfähigkeit, gute Vernetzung mit anderen

---

1.1.9   Motivspezifische Motivation

Vermutlich werden Sie sich jetzt fragen, ob und wie Sie Ihre Mitarbeiter (oder sich selbst) gezielt motivieren können. Natürlich können Sie Motive stärken. Sie sollten jedoch bedenken, dass es im Idealfall zu einer ausgewogenen Motivkonstellation in Ihrem Team kommen sollte. Wenn Sie spüren, dass Machtkämpfe ausgetragen werden, z. B. indem absichtlich Informationen vorenthalten werden oder um Positionen gekämpft wird, dann wäre es falsch, das Machtmotiv des Einzelnen zu intensivieren. In diesem Fall ist es wichtig, dass Sie an das Anschlussmotiv appellieren und den Zusammenhalt stärken. Stellen Sie dagegen fest, dass ein Zuviel an guter Laune mit den

◻ **Tab. 1.1** Motivspezifisches Motivieren	
Motiv	**Beeinflussung durch**
Leistungsmotiv	Herausforderungen, anspruchsvolle Ziele, individuelle Bewertung von Leistungen, leistungsspezifisches Feedback, Gestaltung von leistungsförderlichen Rahmenbedingungen wie kurze Wege und gute Ausstattung der Arbeitsplatzes, Minimierung von Störungen, Austausch mit anderen Experten, Wissensvermittlung und Chancen zur bereichsübergreifenden Kompetenzerweiterung
Machtmotiv	Möglichkeiten zur Einflussnahme, Gestaltungsspielräume, Übergabe von Verantwortung bzw. Verantwortlichkeiten, Anerkennung, Bestätigung, Wertschätzung, klar definierte Kompetenzbereiche, Führungsaufgaben
Anschlussmotiv	Positives Arbeitsklima, Loben, Wertschätzung, Stärkung des Wir-Gefühls, Teamgeist, teambildende Maßnahmen, gegenseitige Unterstützung, Zusammenhalt, Zuwendung, Auflockerung der Arbeitsroutine, Vermeiden von Konkurrenzsituationen, Gelegenheit zum Austausch mit anderen, Gesprächsbereitschaft signalisieren

anvisierten Zielen kollidiert, dann hilft sicherlich ein Input in Richtung Leistungsmotiv. Wählen Sie also Ihre Maßnahmen mit Umsicht aus.

In ◻ Tab. 1.1 erhalten Sie einen Überblick über die Möglichkeiten zur individuellen Einflussnahme auf das jeweilige Motiv.

Zusammenfassung Motive

Es gibt drei Grundmotive: das **Macht-**, das **Leistungs-** und das **Anschlussmotiv**. In ihrer Ausprägung variieren sie von Mensch zu Mensch. Auch innerhalb eines Menschen können sie je nach Situation in unterschiedlicher Stärke hervortreten. Führungspositionen haben eine sog. »positional power«, was zur Folge haben kann, dass das persönliche Machtmotiv verstärkt wird. Zwischen Motiv und Situation besteht eine Wechselwirkung. Durch entsprechende Gestaltung von Rahmenbedingungen lassen sich Motive aktivieren. Umgekehrt bewirken Motive, dass wir bestimmte, motivförderliche Situationen aufsuchen.

1.2   Innere Antreiber

- **Überblick**

Während Motive uns kontinuierlich in eine Richtung lenken, werden wir in bestimmten Situationen von inneren Antreibern nahezu geschubst. Vor allem in Stresssituationen treten innere Antreiber hervor.

Als angehende Führungskraft befinden Sie sich in einer neuen Situation. Ungewohnte Situationen können psychischen Stress verursachen. In solchen Fällen greifen wir auf Handlungsmuster zurück, die rational nicht immer erklärbar sind. Dabei handelt es sich um Notfallmechanismen, die in uns verankert sind und die teilweise zu unangemessenen Reaktionen führen. Dazu gehören die »inneren Antreiber«. Ihren Ursprung haben diese inneren Antreiber in der Kindheit. Es handelt sich dabei um elterliche oder gesellschaftliche Forderungen, die sich tief in das Gedächtnis eingegraben und verselbstständigt haben. **Da innere Antreiber ein Leben lang wirksam sein können, tut man gut daran, sie zu kennen.**

Unter inneren Antreibern werden Botschaften verstanden, die einen Menschen erstmals als Eltern-Gebote erreicht haben und sich im Laufe der Entwicklung zu Handlungsstrategien etablieren.

»Streng Dich an!«, »Mach es allen recht!«, »Sei stark!«, können solche Botschaften sein.

> Wem die eigenen inneren Antreiber unbekannt sind, der macht sie möglicherweise zu seinen Führungsmaximen. Daraus kann ein Führungsverhalten resultieren, das Demotivation und Abwehr aufseiten der Mitarbeiter hervorruft. Umgekehrt lässt sich ein innerer Antreiber positiv nutzen, sofern man ihn als Stärke zu nutzen weiß.

Im Folgenden wird beschrieben, was man von den unterschiedlichen inneren Antreibern ablesen kann: Welche inneren Glaubenssätze stecken dahinter, welche Sätze können ihnen als »Erlauber« entgegengesetzt werden, welche Führungsschwäche und welche Führungsstärke resultieren aus den inneren Antreibern?

1.2.1   »Sei perfekt!«

Was bedeutet es, wenn der innere Antreiber »Sei perfekt!« (◘ Abb. 1.6) lautet?

- **Innere Glaubenssätze**

»Gut ist nicht gut genug.« »Nach oben hin ist alles offen.« »Nicht ausruhen auf Erfolgen.« »Es gibt immer etwas zu verbessern.«

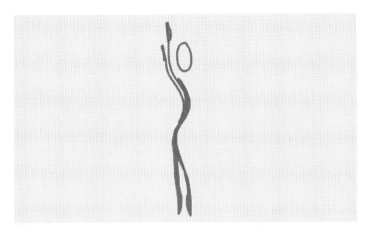

❑ Abb. 1.6 »Sei perfekt!«

■ **Erlauber**

»Ich darf Fehler machen und aus ihnen lernen.« »Es gibt Situationen, da genügen auch mal 80%.« »Ich kann Wesentliches von Unwesentlichem unterscheiden und entsprechend handeln.«

■ **Führungsschwäche**

Ausüben von Leistungsdruck, Intoleranz gegenüber Fehlern mit der Folge, dass Fehler vertuscht werden, Herabwürdigung von sog. »Lowperformern«, kleine Erfolge werden übersehen, stattdessen nur große Erfolge gewürdigt, Mitarbeiter haben das Gefühl, gut ist nie gut genug: »Egal, was wir tun, es reicht nie, um Wertschätzung zu erfahren.«

■ **Führungsstärke**

Qualitätsbewusstsein, Motivation durch Vorbild, Perfektion, Fleiß. **Wichtig**: positiver Ansporn wie »Lassen Sie uns nach der optimalen Lösung suchen.« »Was wir erreicht haben ist gut, jedoch wenn wir gemeinsam daran arbeiten, lässt sich die eine oder andere Verbesserung bestimmt noch finden.« »Fehler sind gut, solange wir daraus lernen.« »Ich sehe, was Sie leisten, und danke Ihnen dafür.«

◙ Abb. 1.7 »Streng dich an!«

1.2.2 »**Streng dich an!**«

Was bedeutet es, wenn der innere Antreiber »Streng dich an!« (◙ Abb. 1.7)
lautet?

- ▪ **Glaubenssätze**
»Ohne Fleiß kein Preis.« »Es fällt einem nichts in den Schoß.« »Im Leben
gibt es nichts geschenkt.« »Arbeite hart.«

- ▪ **Erlauber**
»Das Leben bietet Überraschungen und macht uns auch einmal Geschen-
ke.« »Ich schaffe das.« »Ich bin gut so, wie ich bin.« »Wenn Dinge richtig
sind, fügen sie sich von ganz allein.«

- ▪ **Führungsschwäche**
Arbeitet beständig an der Belastbarkeitsgrenze, Überforderung von Mitarbeitern, geringe Wertschätzung, Aufbau von Stress und Leistungsdruck.

◙ Abb. 1.8 »Mach schnell!«

▪ Führungsstärke

Ausdauer, Optimismus in Bezug auf erreichbare Ziele, »Alles ist möglich – wir schaffen das gemeinsam«. **Wichtig:** Jeder arbeitet im Rahmen seiner Möglichkeiten, regen Sie gegenseitige Unterstützung an, gönnen Sie sich und Ihren Mitarbeitern Ruhepausen.

1.2.3 »Mach schnell!«

Was bedeutet es, wenn der innere Antreiber »Mach schnell!« (◙ Abb. 1.8) lautet?

▪ Glaubenssätze

»Trödel nicht!« »Der frühe Vogel fängt den größten Wurm.« »Wer zu spät kommt, den bestraft das Leben.« »Los, beeil Dich!«

▪ Erlauber

»Wenn du es eilig hast, geh langsam.« »Ich nehme mir so viel Zeit, wie ich brauche.« »Ich verschaffe mir erst einen Überblick, dann entscheide ich, was zu tun ist.«

▪ Führungsschwäche

Verbreiten von Stress und Hektik, Unruheherd, Verzettelung, verbale Aussetzer, vorschnelle Entscheidungen.

▪ Führungsstärke

Entscheidungsfreude, Zielfokussierung. **Wichtig:** Ruhig bleiben, auch in Stresssituationen systematisch vorgehen, Entscheidungen prüfen.

◘ Abb. 1.9 »Mach es allen recht!«

1.2.4   »Mach es allen recht!«

Was bedeutet es, wenn der innere Antreiber »Mach es allen recht!« (◘ Abb. 1.9) lautet?

- **Glaubenssätze**

»Sei höflich.« »Sei zuvorkommend.« »Warte, bis du an der Reihe bist.« »Mach es allen recht.«

- **Erlauber**

»Ich darf meine Bedürfnisse und Standpunkte ernst nehmen.« »Es darf auch Menschen geben, die anderer Meinung sind als ich.« »Meine Meinung muss nicht jedem gefallen.« »Ich vertraue meiner Kompetenz.«

- **Führungsschwäche**

Geringe Durchsetzungsfähigkeit, konfliktscheu, wankelmütig, angepasstes Verhalten.

- **Führungsstärke**

Teamfähigkeit, Einfühlungsvermögen, Freundlichkeit, Besonnenheit. **Wichtig:** eigene Meinung vertreten, innere Stärke zeigen, Entscheidungen vertreten, Selbstvertrauen und Mut zeigen.

■ Abb. 1.10 »Sei stark!«

1.2.5 »Sei stark!«

Was bedeutet es, wenn der innere Antreiber »Sei stark!« (■ Abb. 1.10) lautet?

■ **Glaubenssätze**

»Reiß Dich zusammen!« »Ein Indianer kennt keinen Schmerz.« »Es sind die Starken, die siegen.« »Wenn ich Gefühle zeige, denken die anderen, ich sei schwach.«

■ **Erlauber**

»Ich darf Gefühle zeigen.« »Es ist menschlich, Bedenken zu haben.« »Ich kann auch meine Schwächen annehmen.« »Ich fühle mich besser, wenn ich authentisch sein darf.«

■ **Führungsschwäche**

Intoleranz gegenüber Gefühlsäußerungen, sachbetontes Arbeiten, Nüchternheit, Überforderung der Mitarbeiter.

■ **Führungsstärke**

Sachlichkeit, Selbstbeherrschung, kann Konflikte gut auf die Sachebene holen, behält emotionale Kontrolle, weckt Vertrauen durch Stärke. **Wichtig:** Emotionen ansprechen und zulassen, Feedback einfordern.

Antreiber	Nummer der Frage	Punktzahl Total
Sei perfekt	1 ☐ 6 ☐ 20 ☐ 21 ☐ 28 ☐ 30 ☐	
Mach schnell	2 ☐ 9 ☐ 10 ☐ 17 ☐ 24☐ 29 ☐	
Streng dich an	3 ☐ 13 ☐ 15 ☐ 18 ☐ 19☐ 26 ☐	
Mach es allen recht	4 ☐ 8 ☐ 14 ☐ 16 ☐ 22☐ 25 ☐	
Sei stark	5 ☐ 7 ☐ 11 ☐ 12 ☐ 23☐ 27 ☐	

◘ **Abb. 1.11** Auswertung

> **Zusammenfassung**
> In Stresssituationen kann es zu automatischen Reaktionen kommen.
> Unter anderem greifen dann innere Antreiber in unser Handeln ein.
> Dies sind Glaubenssätze, die ihren Ursprung in der frühen Kindheit
> haben und die sich im Laufe des Lebens verfestigen. **Innere Antreiber
> lassen sich bei entsprechender Kenntnis als Stärke nutzen.**

1.2.6 Schnellcheck innere Antreiber

Bewerten Sie bitte die Aussagen in ◘ Tab. 1.2, so wie Sie sich im Moment
selbst sehen.

Nutzen Sie hierzu die Bewertungsskala von 1 bis 5.

1=gar nicht, 2=selten; 3=eher zutreffend; 4=häufig; 5=trifft absolut zu.

▪ **Auswertung**

Übertragen Sie Ihre Punktzahlen für jede entsprechende Fragenummer auf
den Auswertungsschlüssel in ◘ Abb. 1.11. Addieren Sie anschließend die
Punktzahlen.

▪ **Ergebnis**

Ein tendenziell hoher Wert in der Gesamtpunktzahl deutet auf einen inneren Antreiber hin. Ab einem Summenwert von 24 Punkten sollten Sie diesen inneren Antreiber im Auge behalten. Besonders dann, wenn Sie in eine
Stresssituation geraten. Vergewissern Sie sich in solchen Momenten, dass
Sie die positiven Aspekte des inneren Antreibers nutzen.

	Tab. 1.2 Schnellcheck innere Antreiber
1	Wenn ich etwas anpacke, dann mache ich es auch richtig.
2	Ich bin ständig auf Trab.
3	Ich fühle mich verantwortlich für das Wohlbefinden derer, die mit mir zu tun haben.
4	Manche Leute geben einfach viel zu früh auf.
5	Es fällt mir schwer, Gefühle zu zeigen.
6	Ich liefere einen Bericht erst ab, nachdem ich ihn mehrfach überarbeitete habe.
7	Ich löse meine Probleme gerne selbst.
8	Ich bin diplomatisch.
9	Ich mag es nicht, wenn andere sich mit unnützen Dingen aufhalten.
10	Manchmal möchte ich meine Leute am liebsten anschieben.
11	Gefühlsduselei hat am Arbeitsplatz nichts zu suchen.
12	Ich nehme ungern Hilfe von anderen an.
13	Viele Menschen scheuen Anstrengungen.
14	Ich sage eher: »Könnten Sie es nicht einmal versuchen?«, anstatt: »Versuchen Sie es bitte.«
15	Ich habe oft das Gefühl, dass »noch mehr drin gewesen wäre«.
16	Es ist mir unangenehm, andere zu kritisieren.
17	Ich liebe es, wenn Dinge wie am Schnürchen laufen.
18	Ich bin überzeugt: »Ohne Fleiß kein Preis.«
19	Mein Motto lautet: »Geht nicht, gibt's nicht.«
20	Ich mag es, wenn ich ganz in einer Sache aufgehen kann.
21	Ich plane gern alles bis ins kleinste Detail.
22	Ich will mit allen Leuten gut auskommen.
23	Man muss auch mal die Zähne zusammenbeißen können.
24	Ich habe oft das Gefühl, dass man die anderen erst mobilisieren muss.

❏ Tab. 1.2 (Fortsetzung)

25	Ich bin mitfühlend.
26	Was ich anfange, bringe ich auch zu Ende.
27	Wenn ich einmal krank bin, versuche ich so schnell wie möglich wieder auf die Beine zu kommen, denn ohne mich laufen die Dinge einfach nicht so, wie sie sollten.
28	Zufrieden bin ich, wenn alles perfekt funktioniert.
29	Manchmal könnte ich platzen vor Ungeduld.
30	Meine Arbeitsweise ist systematisch und gründlich.

1.3   Körpersprache

- **Überblick**

Die Bereitschaft zu führen wird zu einem großen Teil über Körpersprache signalisiert. Dabei ist das Aussehen eines Menschen Nebensache. Wichtiger ist, wie er sich verhält, die Art seiner Bewegungsabläufe und Gesten. Der Körper signalisiert, wie wir uns fühlen. Das folgende Kapitel handelt davon, wie Sie von anderen wahrgenommen werden und wie Sie mit Ihrem Körper »in Führung gehen«.

1.3.1   Körperhaltung

Könnten Sie sich jemandem anvertrauen, dessen Körperhaltung abweisend ist? Wohl eher nicht. Instinktiv spüren Sie, dass keine Bereitschaft zum Zuhören gegeben ist. Umgekehrt führt eine einladende, freundliche Geste schnell dazu, dass wir uns angenommen fühlen. Die Körperhaltung eines Menschen gibt Auskunft darüber, wie groß seine Bereitschaft ist, auf jemand anderen einzugehen.

Unsere Körperhaltung kann verschlossen sein, oder offen. **Eine offene Körperhaltung signalisiert Gesprächsbereitschaft.** Offen ist eine Körperhaltung dann, wenn die Wirbelsäule aufrecht ist, die Schultern entspannt, die Füße parallel zueinander stehen und die Hände sichtbar sind. Häufiger Einwand von Seminarteilnehmer ist, dass es einfach gemütlicher ist, die Arme zu verschränken, auch wenn man innerlich offen und gesprächsbereit ist. Dann schauen Sie sich doch selbst einmal dabei zu, wie Sie im Kino einen Film schauen. Wenn Sie den Film wirklich spannend finden, werden Sie kaum neunzig Minuten lang die Arme verschränken. Sie werden die Positionen wechseln, sich nach vorn lehnen, aufmerksam hinsehen.

Ein Gespräch zwischen Führungskraft und Mitarbeiter dauert im Schnitt allenfalls ein paar Minuten. Die Verunsicherung, die verschränkte Arme mitunter hervorrufen, könnten Sie dem Gegenüber ersparen, wenn Sie sich aktiv in eine offene Haltung begeben. Es könnte sich lohnen, zumal wenn man diese Faustregel berücksichtigt:

⊗ **Etwa 80% der Kommunikation findet auf nonverbaler Ebene statt.**

1.3.2 Körperspannung

Nimmt man zwei Menschentypen, einen Choleriker und einen Phlegmatiker, dann bilden diese die Gegenpole auf einer Skala von Überspannung und Unterspannung.

Der eine ist hochrot im Gesicht und so geladen, dass scheinbar ein Fingertipp genügt, ihn an die Decke gehen zu lassen. Während der andere bleich und desinteressiert kaum die nötige Energie aufbringt, seine Sitzposition zu verlassen.

Die optimale Körperspannung findet sich irgendwo in der Mitte. Weder überspannt noch unterspannt. Unsere Körperspannung fällt anderen auf, wenn wir ihnen die Hand reichen. Ein weicher, spannungsloser Händedruck wird als genauso unangenehm empfunden wie ein derbes Zupacken. Es ist nur eine kleine Geste, aber die Art, wie Sie jemandem die Hand reichen, sagt etwas über Ihre Gemütslage aus (◼ Abb. 1.12).

1.3.3 Distanzzonen

Fahren Sie regelmäßig Fahrstuhl? Dann ist hier ein kleiner Test:
Fällt Ihnen spontan ein Aufzughersteller ein?
Die meisten werden diese Frage mit Ja beantworten.
Weil es Ihnen unangenehm ist, auf kleinem Raum mit jemand anderem in Kontakt zu gehen, schauen Sie sich lieber um, was es im Aufzug zu entdecken gibt (◼ Abb. 1.13). Körperlicher Nähe, die als indiskret empfunden wird, versuchen wir auf irgendeiner Weise zu entkommen. Wo das räumlich nicht möglich ist, suchen wir gedanklich das Weite. Diese Gefahr besteht ebenfalls, wo zu viel Distanz besteht. **Als Führungsperson sollten Sie auf das richtige Maß an Distanz und Nähe achten.** Wo ein Zuviel an Nähe ist, fühlen sich Mitarbeiter schnell eingeengt und reagieren mit Reaktanz,

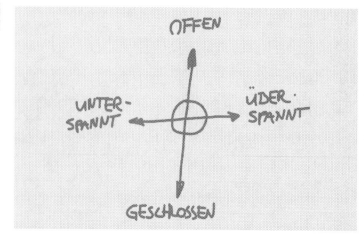

◼ **Abb. 1.12** Körperhaltung

das heißt, sie suchen Wege, sich der vermeintlichen Kontrolle zu entziehen. Zuviel Distanz dagegen kann bedeuten, dass sich Mitarbeiter mit ihren Aufgaben allein gelassen fühlen. Wo sie sich mit ihren Sorgen und Fragen nicht an den Vorgesetzten wenden können, besteht die Gefahr der Gruppenbildung und »Meuterei«. Es ist also notwendig, auf einen guten Kontakt zu den Mitarbeitern zu achten. Ein Interviewpartner formulierte es unkonventionell und treffend:

»   Man muss eben ein Gespür für seine Leute behalten. Ich sage immer: Ich lasse die Leine so lang, dass ich meine Mitarbeiter noch spüren kann.

1.3.4 **Die innere und die äußere Haltung**

Wer kennt das nicht: Es gibt Tage, da möchten wir am liebsten im Bett bleiben. Erheben wir uns dennoch, ist der Gang schwer wie der eines Lastenträgers. Nehmen Sie doch einmal für einen Augenblick dessen Körperhaltung ein. Je tiefer sie den Kopf sinken lassen, desto mutloser werden sie sich fühlen (◼ Abb. 1.14).

Und jetzt richten Sie sich auf! Lassen Sie die Schultern entspannt, locker, öffnen Sie Ihren Brustkorb. Heben Sie das Kinn etwas höher. Schauen Sie auf einen Punkt in der Ferne und atmen Sie bewusst tief ein und aus. Folgen Sie Ihrem Atem. Verweilen Sie ein paar Minuten in dieser Haltung.

❏ **Abb. 1.13** Fahrstuhl

❏ **Abb. 1.14** Negative innere Haltung

◘ Abb. 1.15 Positive innere Haltung

Und dann achten Sie einmal auf Ihre Gedanken. Sie sind positiv? Kein Wunder. Ihre Körperhaltung beeinflusst Ihre Gedanken (◘ Abb. 1.15).

An Tagen, an denen wir uns stark fühlen und vital, sind wir voller Ideen und positiver Gedanken. Und umgekehrt gilt: Eine positive innere Einstellung stärkt die Körperhaltung.

> Mit unserer Körperhaltung können wir Gedanken und Gefühle beeinflussen. Und umgekehrt beeinflussen unsere Gedanken und Gefühle unsere Körperhaltung. Es ist eine wechselseitige Beeinflussung zwischen innen und außen.

In ► Abschn. 1.2 ist die Rede von inneren Antreibern. Wie mag die Körperhaltung eines Menschen aussehen, der dem Leitsatz »Mach schnell!« folgt? Seine innere Einstellung lautet: »Ich muss mich beeilen«. Die Bewegungen dieses Menschen werden hektisch sein und nervös. Auf andere wirkt das unruhestiftend und ablenkend.

Nun braucht es aber nicht immer ein innerer Antreiber sein, der zu äußerlich sichtbaren Reaktionen führt. Jeder Mensch hat bestimmte Annahmen über sich selbst. Die Mehrheit der Menschen würde sich z. B. als freundlich beschreiben. Gleichsam als hilfsbereit, meistens zumindest. Nehmen Sie doch einmal die Körperhaltung eines hilfsbereiten Menschen ein. Vermutlich werden Sie den Oberkörper etwas nach vorn beugen, die Handflächen nach oben drehen, den Kopf leicht zur Seite neigen. Für jede innere Einstellung **gibt es eine entsprechende Körperhaltung**. Sie können im folgenden Selbstcheck Ihre Annahmen über sich selbst als Führungskraft testen:

Selbstcheck

Nehmen Sie bitte einen Stift zur Hand und notieren Sie ein paar Stichworte, die Ihnen spontan zu folgender Frage einfallen:

Folgende Eigenschaften charakterisieren mich als Führungsperson

- hilfsbereit,
- locker,
- unterstützend,
- kollegial,
- …

Sie werden eine Reihe von Adjektiven gefunden haben. Stellen Sie sich einmal vor den Spiegel und nehmen sie den Adjektiven entsprechende Körperhaltungen ein. (Sie können die Übung ebenfalls mit einem guten Freund oder einer guten Freundin durchführen und ihn bzw. sie um Feedback bitten)

1.3.5 Kongruenz und Authentizität

Haben Sie zu jedem Adjektiv die passende Körperhaltung gefunden und sich dabei gut gefühlt? Glückwunsch, dann sind Sie kongruent. Ihre innere und äußere Haltung sind deckungsgleich. Vielleicht haben Sie auch erlebt, dass sich ein Begriff komisch angefühlt und vor dem Spiegel auch keine besonders gute Figur gemacht hat. Dann sollten Sie bei diesem Punkt noch einmal ganz genau in sich hineinspüren. **Manchmal haben wir Annahmen über uns, die zwar Idealvorstellungen entsprechen, aber (noch) wenig mit uns zu tun haben. Dann fällt es unserem Körper schwer, diese innere Haltung auszudrücken.** Äußerlich wahrnehmbar ist dies als Inkongruenz, als Widerspruch zwischen Vorstellung und Wirklichkeit. Das bemerken i. d. R. auch andere. Wir verlieren an Glaubwürdigkeit und somit eine der Grundvoraussetzungen für Vertrauen. Wo kein Vertrauen ist, wächst Misstrauen. Und genau das entsteht, wenn wir jemanden als inkongruent wahrnehmen.

> **Kongruenz ist die Übereinstimmung zwischen innerer und äußerer Haltung. Sie ist Voraussetzung für Glaubwürdigkeit. Glaubwürdigkeit wiederum führt zu Vertrauen.**

Etwas anders verhält es sich mit Authentizität. Das ist die Echtheit, mit der wir auf andere wirken. Das muss nicht immer angenehm sein. Es gibt auch richtig miese Charaktere, die authentisch wirken. So können Schauspieler ihre Rollen so sehr verkörpern, dass man ihnen auch privat ein bestimmtes Verhalten zutraut. Je authentischer sie ihre Rolle gespielt haben, desto mehr richten sich die Erwartungen der Außenwelt nach dieser Rolle.

Auch an Sie werden Rollenerwartungen herangetragen. Ihre Mitarbeiter erwarten von Ihnen, dass sie Ihre Führungsrolle authentisch ausfüllen. Doch Vorsicht. Verbiegen Sie sich nicht. **Stehen Sie zu Ihren Schwächen genauso wie zu Ihren Stärken!** Das verleiht Ihnen die größtmögliche Natürlichkeit. Die Rolle des idealen Vorgesetzten gibt es nicht. **Sie selbst bestimmen Ihren eigenen, authentischen Führungsstil.**

1.3.6 Präsenz

Sie wissen jetzt, wie wichtig es ist, kongruent und authentisch zu sein. Ein weiterer Faktor ist allerdings entscheidend dafür, dass Sie beim Gegenüber auch ankommen bzw. überhaupt wahrgenommen werden. Dieser Faktor nennt sich Präsenz.

Präsenz ist die **bewusst wahrgenommene Gegenwärtigkeit.** Dies impliziert, dass es sowohl jemanden gibt, der Präsenz ausstrahlt, als auch jemanden, der sie bewusst wahrnimmt. Präsenz findet demnach zwischen mindestens zwei Personen statt und beschreibt die **Intensität der Aufmerksamkeit füreinander.** Damit Sie von Ihrem Gegenüber wahrgenommen werden, ist Präsenz notwendig.

> Wenn wir mit all unserer Aufmerksamkeit, innerlich wie äußerlich, bei unserem Gesprächspartner sind, wird dieser uns gegenüber ebenso zugewandt sein.

Gemeinsame Ebene schafft Präsenz

Wenn der berühmte »Funke übergesprungen« ist, findet alles, was danach kommt, »auf einer Wellenlänge« statt. Wenn wir mit jemandem auf einer Wellenlänge sind, ist unsere Bereitschaft zuzuhören um vieles größer. Automatisch haben wir häufiger Blickkontakt, öffnen unsere Körperhaltung und sind dem anderen zugeneigt. **Sie als Führungskraft möchten, dass man Ihnen zuhört und für Ihre Ideen offen bleibt. Dafür brauchen Sie Präsenz.** Manchmal fällt es nicht leicht, auf einer Wellenlänge mit jemandem zu sein. Für diese Fälle gibt es ein paar Tricks:

- **Denken Sie positiv.** Bereits Arthur Schopenhauer wusste: »Unsere Gedanken sind unser Schicksal.« Negative Gedanken verursachen eine ablehnende Gestik und Mimik. Das wiederum wird, bewusst oder unbewusst, vom Gegenüber wahrgenommen und verursacht ebenfalls negative Reaktionen. **Suchen Sie daher aktiv nach einem positiven Merkmal** Ihres Gegenübers. Das kann ein Wesenszug sein oder eine Äußerlichkeit. Vielleicht mögen Sie die Brille oder den Pullover. Dann denken Sie im Stillen bei sich: »Ich mag diese Brille bzw. diesen Pullover«. Automatisch werden sich Ihre Gesichtszüge erhellen. Um positiv anzukommen, ist es wichtig, positiv zu denken!

- **Suchen Sie nach Gemeinsamkeiten.** Ähnlichkeit schafft Nähe. Möglicherweise teilen Sie ein Hobby mit Ihrem Gegenüber oder vielleicht verbringen Sie Ihre Ferien an ähnlichen Urlaubsorten. Eventuell haben Sie beide eine Vorliebe für eine bestimmte Musikrichtung. Finden Sie heraus, was Sie und Ihr Gesprächspartner gemeinsam haben. Das schafft eine innere Verbundenheit.

So erzeugen Sie aktiv Präsenz

Lesen Sie zunächst zwei Beispiele:

Beispiel

Stefan soll vor der versammelten Belegschaft einen Vortrag halten. Bevor er den Raum betritt, führt er allerdings ein Telefonat mit seinem Steuerberater, das er als aufreibend empfindet. Noch während er zum Podium geht, verharren seine Gedanken bei dem Telefonat. Man sieht es ihm an, eine Sorgenfalte zeichnet sich senkrecht zwischen den Augenbrauen ab. Sein Blick ist nach innen gerichtet.

Beispiel

Sophie ist Doktorandin und soll ihre Forschungsergebnisse vor einem Gremium präsentieren. Sie weiß, dass sie schnell nervös wird, wenn sich Aufmerksamkeit auf ihre Person richtet. Daher bereitet sie ihren Auftritt vor. Sie sieht sich den Raum vorher an, prüft die Technik und ihre Unterlagen. Dann nimmt sie sich noch etwas Zeit, um sich zu entspannen. Als sie schließlich aufgerufen wird, ist sie innerlich ganz bei sich und bei der Sache. Ihr fester Gang verrät Sicherheit. Ihr Blick richtet sich auf die Mitglieder im Gremium und sie versucht jeden einzelnen mit einem kurzen Blickkontakt zu begrüßen. Ihren Vortrag unterstreicht sie mit einzelnen Gesten, sie macht Pausen und vergewissert sich immer wieder der Aufmerksamkeit ihrer Zuhörer.

Worin besteht der kleine, aber feine Unterschied zwischen den beiden Vortragenden? Sophie ist präsent! Vom ersten Moment an ist sie **mental und körperlich anwesend**, aufmerksam und konzentriert. Stefan dagegen ist mental gebunden. Natürlich kann auch Stefan seine Zuhörer noch fesseln

◘ Tab. 1.3 So erzeugen Sie Präsenz

Mentale Präsenz erzeugen Sie durch:	Körperliche Präsenz erzeugen Sie durch:
Gute Vorbereitung	Fokussierung auf die Körpermitte
Geistesgegenwart	Mittlere Körperspannung
Konzentration	Sicheren Stand bzw. Gang
Fokus auf Hier und Jetzt	Lockere Schultern
Aufmerksamkeit für Gegenüber	Sichtbare Hände
Offenheit für den Augenblick	Blickkontakt!
	Ruhige, feste Stimme
	Unterstreichende Mimik und Gestik

– wenn es ihm gelingt, die Probleme für einen Moment zu vergessen, sich zu konzentrieren und im Hier und Jetzt zu sein.

> Angst, Lampenfieber, Ärger, Trauer, Wut, aber auch Gedanken an Vergangenes oder Zukünftiges lenken vom Augenblick ab und führen dazu, dass wir mental gebunden sind, also unsere Offenheit und damit unsere Präsenz verlieren.

Präsenz drückt sich auf körperlicher und mentaler Ebene aus. Somit kann sie sowohl auf körperlicher als auch auf mentaler Ebene erzeugt werden (◘ Tab. 1.3, ◘ Abb. 1.16, ◘ Abb. 1.17).

Wann Sie Präsenz brauchen

Präsenz zu zeigen, bedeutet Energieaufwand. Es ist unmöglich, immer und überall präsent zu sein. Vor allem besteht dazu auch keine Notwendigkeit. Führung kann auf vielerlei Ebenen stattfinden. Zum Beispiel gibt es das Führen nach gemeinsamen Zielen und Werten sowie die strategische Führung durch Gestaltung von Rahmenbedingungen (► Abschn. 2.1.2, ► Abschn. 2.1.4). **Wann immer Sie jedoch im Dialog mit Menschen sind, werden Sie feststellen, dass das Erleben auf beiden Seiten umso intensiver verläuft, je präsenter Sie sind.** Das heißt, mit Ihren Gedanken und Ihrem Wesen auf den gegenwärtigen Augenblick und Ihren Gesprächspartner fokussiert.

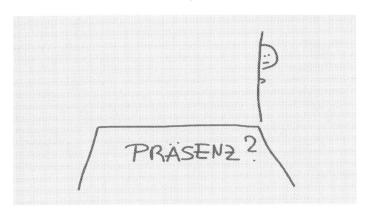

Abb. 1.16 Präsenz?

Abb. 1.17 Präsenz!

■ **Zusammenfassung**

Der Körper ist der Botschafter der Gedanken und inneren Einstellungen. Er signalisiert, ob die Bereitschaft zur Führung gegeben ist. Für eine Führungskraft ist es wichtig, sowohl auf die innere als auch auf die äußere Haltung zu achten. Stimmen innere und äußere Haltung überein, spricht man von Kongruenz. Diese Übereinstimmung weckt Vertrauen. Weiterhin sind Authentizität und Präsenz wichtige Führungsqualitäten.

1.4   Menschenkenntnis

- **Überblick**

Sie leiten ein Team, das aus den unterschiedlichsten Charakteren zusammengesetzt ist. Einige werden Ihnen näher stehen als andere. **Es ist ein Gesetz, dass jemand der uns ähnelt, vertraut und somit sympathischer erscheint.** Ohne einen Menschen zu kennen, verteilen wir Sympathiepunkte, sofern eine Ähnlichkeit mit uns selbst oder nahestehenden Menschen gegeben ist. Und umgekehrt kann es uns passieren, dass wir einen Menschen ablehnen, weil er Ähnlichkeit mit jemandem hat, den wir nicht mögen. Im Folgenden wollen wir **Wahrnehmungsfallen** wie diese näher betrachten.

1.4.1 Soziale Wahrnehmung

Wir lernen jemanden kennen und wissen binnen Sekunden, was wir von ihm halten. Für diesen Einschätzungsprozess ist die soziale Wahrnehmung zuständig. **Bezugspunkt für die soziale Wahrnehmung sind unsere Erfahrungen.** Je häufiger wir ähnliche Erfahrungen machen, desto überzeugter sind wir von unserem Urteil. Jedoch, dass Erfahrungen sich wiederholen, liegt u. a. daran, dass wir bevorzugt jenen Aspekt einer Situation oder eines Menschen herausgreifen, der uns bereits bekannt vorkommt. Wir selektieren also, ohne davon Kenntnis zu nehmen. So erklärt es sich, dass bestimmte Interaktionsmuster entstehen, die sich wie von selbst fortpflanzen.

> Die Menschen kommen und gehen, aber unsere Interaktionsmuster bleiben. Es sei denn, wir machen sie uns bewusst und steuern rechtzeitig dagegen an.

Wenn Sie den Eindruck haben, dass es immer wieder derselbe »Typ Mensch« ist, mit dem Sie aneinandergeraten, können Sie davon ausgehen, dass Ihre eigene Wahrnehmung Anteil daran hat. Es ist das berühmte rote Tuch, das Ihnen in diesem Moment ins Auge sticht. Ein anderer Beobachter muss dies gar nicht als solches erkennen. Sie sind einfach für ein gewisses Detail sensibilisiert. Ein Ausweg wäre, sich bewusst zu machen, was im Detail Sie als störend empfinden. Und ob es sich dabei um eine Eigenschaft handelt, die Sie an sich selbst nicht mögen oder die Sie aus anderen Gründen ablehnen, z.B. weil Sie negative Erfahrungen damit gemacht haben. Wichtig ist, darauf zu achten, dass es Ihre persönliche Sache ist und Sie dennoch objektiv und fair auf jeden Menschen zugehen, der Ihnen zum ersten Mal begegnet.

◘ **Abb. 1.18** Pathologe

1.4.2   **Der erste Eindruck**

Eine Frau und ein Mann begegnen sich. Sie tauschen ein paar Sätze aus. rgendwann kommen sie auf ihre Berufe zu sprechen. Der Mann erklärt er sei Arzt. Die Frau horcht auf und fragt interessiert nach dem Fachgebiet. Auf die Antwort (Pathologie) folgt ein irritiertes Schweigen (◘ Abb. 1.18).

Was ist geschehen? Wie jeder Beruf ist auch der Beruf des Arztes mit Stereotypen behaftet. Mit Erwartungen also, die ein anderer mit dem Begriff »Arzt« verbindet. Gerne wird der Arzt als Helfer, Heiler und Ratgeber gesehen, als Prestigeträger ebenso. Mit dem Pathologen werden (irrtümlicherweise) ausschließlich Obduktionen verknüpft, also die Arbeit an Toten. Bei den meisten ruft dieser Gedanke Unbehagen hervor. Die Frau sieht sich demnach mit zwei Stereotypen konfrontiert, die gegensätzlicher nicht sein könnten: a) mit dem Erwarteten und b) mit dem vermeintlich Tatsächlichen. Dieser **unerwartete Widerspruch ist Ursache für die Irritation.**

Unsere Wahrnehmung ist voller Stereotypen und Denkfehler. Sie erfüllen in gewisser Weise ihren Zweck, indem sie ankommende Reize strukturieren. Wir hören oder sehen etwas (oder fühlen, riechen, schmecken) und stecken es sofort in eine Schublade. In der Sprache der Wahrnehmung heißt das, wir aktivieren Kategorien oder neuronale Netzwerke. Einmal aktiviert, geben uns diese Kategorien sofort Informationen über diesen Gegenstand. Das ist eine sehr effiziente Sache, denn somit müssen wir nicht jedes Mal von Neuem Informationen sammeln. Wir sehen ein Auto und wissen sofort, was zu tun ist. Wir brauchen uns nicht vor den Geräuschen, die es verursacht, zu erschrecken und wir wissen auch, dass es gefährlich werden kann, sich ihm in den Weg zu stellen. Dieses Wissen über unsere Umgebung gibt uns Sicherheit. Die Welt um uns soll vorhersehbar sein und strukturiert. Wenn wir Abwechslung wollen, dann suchen wir sie gezielt. In diesem Fall begeben wir uns freiwillig auf unbekanntes Terrain und lassen uns unter diesem Gesichtspunkt gerne überraschen. In allen anderen Situationen wollen wir uns auskennen und verlassen uns dabei auf unsere vermeintlich sicheren Urteile. Dabei besteht allerdings die Gefahr typischer Wahrnehmungsfehler. In Bezug auf Menschen, die uns das erste Mal begegnen, sind das beispielsweise folgende Wahrnehmungsfehler:

- **Assoziationen:** Unsere Urteile richten sich danach, ob wir etwas mit positiven oder negativen Dingen verknüpfen (z. B. Arzt=Heiler=positiv).

- **Attraktivität:** Attraktiven Menschen schreiben wir leichter positive Eigenschaften wie Intelligenz, Begabung, Ehrlichkeit und Zufriedenheit zu.

- **Ähnlichkeit:** Wer uns ähnlich sieht, wird in einem positiveren Licht gesehen. Dieser Effekt ist als der »Similar-to-me-Effekt« bekannt und hat etwas damit zu tun, dass wir jemandem umso mehr vertrauen, je vertrauter er uns erscheint. Und da uns unser eigenes Abbild bestens vertraut ist, vertrauen wir denjenigen, die uns ähneln, umso leichter.

- **Nähe bzw. Kontakthäufigkeit:** In der Regel bevorzugen wir das, was wir kennen. Wiederholte Begegnungen schaffen Vertrautheit.

- **Halo-Effekt:** Halo ist von dem Wort »Halos« hergeleitet. Das kommt aus dem Griechischen und bedeutet Lichtring (um die Sonne oder den Mond). Auf Menschen bezogen, handelt es sich um ein Merkmal, das so sehr heraussticht, dass alle anderen Merkmale davon überstrahlt werden. Der Halo-Effekt ist besonders ausgeprägt, wenn der Beurteiler auf das entsprechende Merkmal Wert legt und dieses entsprechend überbewertet. Legt der Beurteiler beispielsweise großen Wert auf Pünktlichkeit, wird er Zuspätkommen besonders negativ bewerten. Weitere Beispiele: Brille – Intelligenz, tiefe Stimme – Erfahrung, Luxusgüter – Erfolg, gepflegte Kleidung – Seriosität.

◘ Abb. 1.19 Halo-Effekt

Experiment zum Halo-Effekt

In einem wissenschaftlichen Experiment, das 1968 von Wilson durchgeführt wurde, kam es zu folgendem Verlauf:

Teilnehmern wurde eine andere Person entweder als Student, als Tutor, als Assistent, als Dozent oder als Professor vorgestellt. Sie wurden aufgefordert, die Körpergröße dieser Personen zu schätzen. Es zeigte sich, dass mit zunehmendem Status auch die geschätzte Körpergröße anstieg, und zwar um durchschnittlich 1,23 cm pro »Statusstufe«. Der vermeintliche Professor wurde um etwa 6,35 cm größer eingeschätzt als der angebliche Student. Der Status hatte also Einfluss auf die Einschätzung der Größe genommen (◘ Abb. 1.19).

Stereotype und Schubladen schränken unser Erleben deutlich ein. Immerhin erfüllen sie auch positive Zwecke. Sie vereinfachen Denkprozesse. Sie lenken unsere Aufmerksamkeit auf wichtige Details und dienen damit gewissermaßen als selektive Filter. Das ist effizient. Unser Gehirn schließt aufgrund von Erfahrungen auf Ähnlichkeiten und stellt Prognosen. Leider passieren dabei Fehler in Form von Fehlurteilen. Deshalb sollten wir bei Verdacht auf ein Stereotyp gezielt nach neuen Aspekten einer Situation oder eines Menschen suchen, um uns ein vollständiges Bild zu machen.

Fazit

Wahrnehmung ist ein konstruktiver Prozess, bei dem wir Einzelteile zu einem uns schlüssigen Ganzen zusammenfügen.

Im Rahmen seiner Dissertation stellte Graham Rawlinson 1976 fest, dass für die Lesbarkeit von Wörtern korrekte Anfangs- und Endbuchstaben ausreichend sind. Die Reihenfolge der Buchstaben darf gerne variieren. Sofern sich der Buchstabensalat in Grenzen hält, glauben wir dennoch die richtigen Wörter zu erkennen.

»Gmäeß eneir Sutide eneir elgnihcesn Uvinisterät ist es nchit witihcg, in wlecehr Rnefloghiee die Bstachuebn in eneim Wrot snid, das Ezniige, was wcthiig ist, ist, dass der estre und der leztte Bstabchue an der ritihcegn Pstoiion snid. Der Rset knan ein ttoaelr Bsinöldn sien, tedztorm knan man ihn onhe Pemoblre lseen. Das ist so, wiel wir nciht jeedn Bstachuebn enzelin leesn, snderon das Wrot als Gseatems.«

(»Gemäß einer Studie einer englischen Universität ist es nicht wichtig, in welcher Reihenfolge die Buchstaben in einem Wort sind, das Einzige, was wichtig ist, ist, dass der erste und der letzte Buchstabe an der richtigen Position sind. Der Rest kann ein totaler Blödsinn sein, trotzdem kann man ihn ohne Probleme lesen. Das ist so, weil wir nicht jeden Buchstaben einzeln lesen, sondern das Wort als Gesamtes.«)

Bei der Beurteilung von Menschen gehen wir ähnlich vor. Wir schaffen aus einzelnen, hervorstechenden Merkmalen ein uns schlüssiges Ganzes. Entscheidend hierbei ist der erste Eindruck.

Angenommen, Sie sehen einen Mann in Anzug und Krawatte, der in Frankfurt im Bankenviertel in der Mittagszeit ein Bankgebäude verlässt. Ziemlich wahrscheinlich werden Sie ihn für einen Banker halten, der zum Mittagessen geht. Sie werden keinen weiteren Gedanken daran verschwenden, solange er sich erwartungsgemäß verhält. Würden Sie den gleichen Mann dabei beobachten, wie er die Bank in Alltagskleidung und mit eingesunkener Körperhaltung verlässt, würden Sie ihn eher für einen abgewiesenen Bankkunden halten.

Dabei kann der Fall ein ganz anderer sein. Wir sind jedoch überzeugt und schwer davon abzubringen, dass das, was wir sehen, auch richtig ist. Dass wir etwas sehen, was in Wirklichkeit vielleicht gar nicht vorhanden ist, z. B. **einen Banker, der keiner ist**, kommt uns nicht in den Sinn. Betrachten wir einen Menschen, so bilden wir uns ziemlich rasch ein Urteil, von dem wir glauben, dass es stimmt. Dabei sehen wir nur ein bestimmtes Verhalten zu einem bestimmten Zeitpunkt. Wir wissen weder, was ihn bewegt, sich in einer Situation in einer gewissen Weise zu verhalten, noch wissen wir, wie er sich in Zukunft verhalten wird. Alles was wir tun können, ist eine Prognose zu stellen auf der Basis unserer Beobachtung und subjektiven Einschätzung der Situation. In der Physik nennt man diese Tatsache

Unschärferelation. Der Physiker und Nobelpreisträger Werner Heisenberg stellte fest, dass Elektronenbahnen erst dadurch entstehen, dass wir sie beobachten. Auch können der Ort und der Impuls eines Elektrons nicht gleichzeitig bestimmt werden.

Dem Beobachter fehlt somit immer eine wichtige Information. Die Ungewissheit, so der Nobelpreisträger, ist ein zentrales Element der Quantenwelt und somit der Wirklichkeit. Die Welt entsteht erst dadurch, dass wir sie beobachten. Übertragen auf Personen bedeutet das: Das, was wir an einem Menschen zu sehen glauben, entsteht erst dadurch, dass **wir** ihn beobachten. Unsere Wahrnehmung ist beeinflusst von unserer persönlichen Perspektive und durch unsere Art und Weise zu urteilen. **Indem wir einen Menschen beobachten, erkennen wir ihn nie im Ganzen, sondern nur einen Ausschnitt aus der Gesamtheit seiner Möglichkeiten** (ein bestimmtes Verhalten in einer bestimmten Situation). Zwar sehen wir, wo er sich aktuell befindet, wir können jedoch weder konkret vorhersagen, wohin er sich bewegen wird, noch wissen wir wirklich, was ihn bewegt.

Somit ist »Menschenkenntnis« ein fragwürdiger Begriff, weil das Bild eines Menschen erst durch die Brille des Beobachters entsteht und durch die Situation geformt ist. Das einzige, was wir tun können, ist zu lernen, durch welche »Brille« wir hindurchsehen und wie wir davon beeinflusst werden, wenn wir uns ein Bild vom anderen machen.

1.4.3 Objektivität

Nach vorangegangenem Kapitel mag es schwierig erscheinen, Objektivität in der sozialen Wahrnehmung herzustellen. Dabei ist vor allen Dingen Folgendes wichtig:

> **Es geht darum, uns bewusst zu machen, dass wir in unseren Urteilen fehlgeleitet werden können.**

Wahrnehmung ist ein konstruktiver Prozess. Aus einer Vielzahl von Daten erstellen wir ein Bild oder eine Vorstellung. Wir werden dabei von Erfahrungen, Motiven und subjektiven Einschätzungen gesteuert. Vergleichbar ist das mit einem Puzzle, bei dem wir vorher schon wissen, wie es einmal aussehen soll. Anstatt sich überraschen zu lassen und aus den dargebotenen Teilen ein neues Ganzes zu schaffen, wissen wir schon, wie das Ergebnis aussehen wird.

Wenn wir unsere Objektivität verbessern wollen, können wir Folgendes tun:

Externe Faktoren berücksichtigen Verhalten ist situationsspezifisch. Je nach Beschaffenheit situativer Gegebenheiten kann es variieren. Ein und derselbe Mensch kann auf dem Fußballplatz und im Beruf völlig unterschiedliche Verhaltensweisen zeigen. Manchmal wird der situative Druck einer Situation so stark empfunden, dass unangemessene Verhaltensreaktionen erfolgen. Es wäre falsch, von einem einzelnen Verhalten auf die Persönlichkeit eines Menschen zu schließen. Eher handelt es sich um eine persönliche Schwäche, auf eine bestimmte Situation zu reagieren. Bevor Sie sich ein Urteil bilden, sollten Sie sich folgende Fragen stellen: Wie hätte ein anderer in ähnlichen Umständen gehandelt? Welchen Einfluss könnte die Situation auf das wahrgenommene Verhalten haben? Inwieweit ist es zulässig und zielführend, von einem ersten Eindruck heraus Verallgemeinerungen anzustellen?

Die Perspektive des Gegenübers einnehmen Die persönliche Perspektive ist entscheidend für unsere Reaktionen auf die Außenwelt. Dieselbe Situation kann von mehreren Menschen unterschiedlich interpretiert werden. Letztendlich entsteht die Welt in unserem Kopf und wir entscheiden, wie wir darauf reagieren. Wir können nicht in den Kopf eines anderen hineinsehen. Wohl aber können wir uns Fragen stellen in Bezug auf seine Perspektive: Was sind die Beweggründe? Welche Motive, Bedürfnisse oder Ängste können sich hinter dem gezeigten Verhalten verbergen? Wie ist der »Background« des anderen? Wie nimmt er die Situation wahr? Worauf will er hinaus? Wie nimmt er mich wahr, wie verhalte ich mich? Nehme ich durch mein Verhalten Einfluss?

Unvoreingenommenheit bewahren Je besser wir uns selbst kennenlernen, desto objektiver werden wir in unserem Urteil. Ein gesundes Misstrauen in die eigenen Urteile ist v. a. dann angebracht, wenn sie schnell und unreflektiert sind.

■   **Zusammenfassung**

Unsere Wahrnehmung wird gleich von mehreren Faktoren beeinflusst: von uns selbst und unseren Erfahrungen, von der Situation und davon, wie gut wir den anderen Menschen zu kennen glauben. Dabei besteht die Gefahr sog. Wahrnehmungsfallen. Das sind Muster, die sich wiederholen. Der »Similar-to-me-Effekt« gehört beispielsweise dazu. Er sagt aus, dass wir Menschen, die uns ähneln, in einem besseren Licht sehen. Oder der »Halo-Effekt«, bei dem wir von einem auffallenden Merkmal auf eine Charaktereigenschaft schließen. Um Objektivität zu erhöhen, sollten wir so unvoreingenommen wie möglich an Menschen herangehen, situative Faktoren beachten und die Perspektive des anderen einnehmen.

▣ Abb. 1.20 Mond

1.5   Feedback

■ **Überblick**

Um die Perspektive des anderen geht es auch im nächsten Abschnitt. Und um Feedback als Bindeglied zwischen unterschiedlichen Perspektiven:

Angenommen, es gäbe einen zweiten Planeten wie unsere Erde. Dieser befände sich auf der anderen Seite des Mondes und die Bewohner dort sähen das, was wir die Rückseite des Mondes nennen. Niemand von uns hat jemals die Rückseite des Mondes gesehen. Um etwas darüber zu erfahren, müssten wir die Perspektive derer einholen, die sie gesehen haben. Vielleicht reflektiert der Mond auf seiner Rückseite grünes Licht. Die Kinder des anderen Planeten würden selbstverständlich einen grünen Mond malen. Wir erkennen den Mond als hellgelb. Würden sich die Bewohner der beiden Planeten über das streiten, was der »richtige Mond« sei, wäre dies unsinnig, denn jeder hat seinen eigenen Blickwinkel. Aus seiner Perspektive hat jeder recht (▣ Abb. 1.20).

Feedback ist dazu da, die Perspektive des anderen zu erfahren und ihm die eigene zu erläutern.

1.5.1   **Das Johari-Fenster**

Sinn und Zweck von Feedback lässt sich leicht am sog. »Johari-Fenster« verdeutlichen. Hier werden **vier Felder der Wahrnehmung** unterschieden, die entweder nur uns selbst oder nur dem anderen, beiden Parteien oder keinem bekannt sind.

Vier Dimensionen der Wahrnehmung:

- **Der Bereich der gemeinsamen Realität.** Dabei handelt es sich um die sowohl einem selbst als auch anderen bekannte Wirklichkeit. Dies ist z. B. der Fall bei standardisierten Arbeitsabläufen. Jeder weiß genau, was er an welcher Stelle zu tun hat. Auch Hierarchien und klar geregelte Arbeitsbereiche sind geteilte Realität.
- **Der blinde Fleck.** Das ist jener Bereich des Erlebens, der nur für andere sichtbar ist. Das kann äußerlich der berühmte Fleck auf dem Hemd sein oder aber auf einer tieferen Ebene abweichende Vorstellungen von Selbstbild und Fremdbild. Ist z. B. jemand der Annahme, besonders fair zu sein, wird von anderen aber als unfair wahrgenommen, so hat derjenige in dieser Beziehung einen blinden Wahrnehmungsfleck.
- **Bereich des Verbergens.** Dabei handelt es sich um bewusst zurückgehaltene Informationen. Stellen Sie sich einen Mitarbeiter vor, der einen Fehler begangen hat. Er traut sich jedoch aus Angst vor Konsequenzen nicht, diesen Fehler zuzugeben. Er hält die Information bewusst zurück. Ähnliches gilt für die Frage, wie viel Transparenz wir in bestimmten Situationen zulassen können. So sind wir guten Freunden gegenüber viel offener als Unbekannten. Hier halten wir Informationen zurück, bis wir Vertrauen gefasst haben.
- **Das Unterbewusstsein.** Dieser Bereich betrifft weitestgehend unbekannte Steuerungsmechanismen wie Intuitionen und unterbewusste Wahrnehmungen. Aber auch soziale Regeln und kulturelle Besonderheiten fallen in diesen Bereich. Allerdings nur dann, wenn sie von niemandem bewusst wahrgenommen werden und auf einer unbewussten Ebene das Verhalten steuern (◘ Abb. 1.21, ◘ Abb. 1.22).

Ziel von Feedback ist es, den Bereich der gemeinsamen Realität zu vergrößern, indem die anderen Bereiche verkleinert werden.

Dies geschieht folgendermaßen:

Den Bereich des blinden Flecks (B) verkleinern Sie, indem Sie aktiv Feedback einfordern und darüber hinaus für ein angstfreies Klima sorgen, in dem jeder offen seine Meinung sagen darf.

Der Bereich des Verbergens (C) verkleinert sich durch gegenseitiges Vertrauen. Gerade dort, wo die Aufarbeitung von Fehlern wichtig für die Qualität und Sicherheit der Arbeit ist, ist es notwendig, eine Kultur zu schaffen, die verhindert, dass wichtige Tatsachen zurückgehalten werden. Und wo Vertrauen besteht, wird gerne Feedback gegeben.

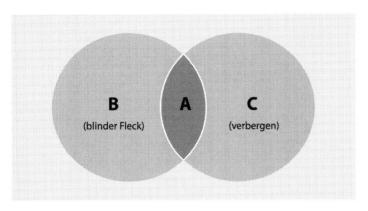

◘ Abb. 1.21 Dimensionen der Wahrnehmung (1)

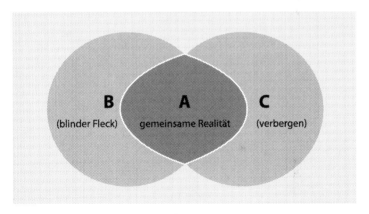

◘ Abb. 1.22 Dimensionen der Wahrnehmung (2)

Der Bereich des Unterbewusstseins (D) ist i. d. R. ein Fall für Therapeuten. Allerdings können Sie auch hier in gewissem Rahmen für Aufklärung sorgen, indem Sie sich Zeit nehmen, Ihre Mitarbeiter kennenzulernen, etwas über ihre bisherige Arbeit in Erfahrung bringen, ihre familiären Hintergründe und ggf. die Besonderheiten Ihrer Kultur zum Gegenstand Ihres Interesses werden lassen. Gleiches gilt für Sie. Machen Sie sich bewusst, wodurch Sie im Laufe Ihres Lebens geprägt worden sind. Vor welchem Hintergrund sind Sie aufgewachsen und wie wirkt sich dies möglicherweise auf Ihre Art und Weise zu denken und zu handeln aus? Auch gehören die bereits besprochenen »Motive« und »innere Antreiber« in diesen Bereich, solange sie einem nicht bekannt sind.

1.5.2 Feedbackregeln

Damit Feedback in der beabsichtigten Weise beim Gegenüber ankommt und angenommen wird, sollten Sie folgende Regeln berücksichtigen:

konkret Feedback bezieht sich ausschließlich auf beobachtbare Ereignisse und deren Wirkung auf den Feedbackgeber. Ein Beispiel hierfür: »Ich habe Sie eben zufällig im Gespräch mit dem Kunden erlebt. Das hat mir sehr gefallen. Ihre Umsicht und ihre Geduld wirkten auf mich sehr kompetent.« Ein anderes Beispiel: »Ihnen haben heute im Meeting folgende Unterlagen gefehlt ...«

wertfrei Vermutungen, Wertungen und Deutungen wie: »das liegt vermutlich daran, dass Ihnen unsere Meetings nicht wichtig genug sind«, haben im Feedback nichts zu suchen. Es ist eine Frage des Respekts, auf subjektive Annahmen über die Verhaltensabsichten des anderen zu verzichten. Feedback sollte eher wie ein Spiegel erlebt werden, in dem man seine Wirkung betrachten kann, aber nicht muss.

subjektiv Etikettierungen wie »Sie sind unkonzentriert« verabsolutieren Aussagen und rufen Ablehnung und das Bedürfnis zur Verteidigung hervor. Am besten geeignet sind Formulierungen in der Ich-Form: »Auf mich wirken Sie abgelenkt. Möchten Sie mir vielleicht sagen, was Sie beschäftigt?«

zeitnah Je mehr Zeit verstreicht, desto unschärfer wird die Erinnerung. Etwa dann, wenn Sie sagen: »Sie sind im letzten Frühjahr bereits durch Ihre fehlende Vorbereitung aufgefallen«. Feedback ist nur dann hilfreich, wenn es unmittelbar stattfindet, also am besten sofort. Wenn Sie innerhalb einer Gruppe eine Person haben, der sie ein sofortiges Feedback geben möchten, die anderen aber hierfür nicht unterbrechen möchten, nehmen Sie diese Person unmittelbar nach der Besprechung für einen kurzen Moment zur Seite. In Arbeitsgruppen mit einer guten Feedbackkultur ist es ganz selbstverständlich, Arbeitsprozesse regelmäßig und unmittelbar zu reflektieren. Diese Feedbackschleifen bringen Stabilität, Sicherheit und erhöhen gleichzeitig die Flexibilität, auf rasch wechselnde äußere Umstände zu reagieren.

positiv Viele sagen Feedback, wenn Sie ein Kritikgespräch meinen. Das ist ein Irrtum. Feedback ist eben kein Kritikgespräch. Feedback sollte grundsätzlich neutral bis positiv sein. Was nicht bedeuten soll, dass keine unangenehmen Dinge gesagt werden dürfen, sie sollen nur die hervorgerufene Reaktion angemessen beschreiben. Starten Sie in jedem Fall mit einem positiven Satz, z. B.: »Unsere gute Zusammenarbeit ist mir sehr wichtig. Sie sollen sich auf mich verlassen und umgekehrt möchte ich mich auf Sie verlassen können. Ihnen haben heute Unterlagen gefehlt. Ehrlich gesagt gefiel mir das nicht. Bestimmt haben Sie Gründe. Dann wünsche ich mir jedoch, dass Sie offen mit mir reden.«

zielführend Formulieren Sie einen Wunsch, indem Sie ein realistisches Ziel so vorgeben, dass es für andere annehmbar und erfüllbar ist.

Zuweilen nehmen Feedbackgespräche einen seltsamen Verlauf, beispielsweise weil es trotz aller Vorsichtsmaßnahmen doch zu Anschuldigungen und Rechtfertigungen kommt. Dann ist es hilfreich, sich eine kurze Unterbrechung des Gesprächs zu erbitten, um wenige Minuten in sich hineinzuhören. Folgende Fragen können dabei helfen:

- Bin ich zufrieden mit dem Gespräch?
- Wenn nicht, was empfinde ich als störend?
- Wie äußert sich das Störende in mir – körperlich, gedanklich?
- Was bräuchte ich von meinem Gegenüber, damit sich die Bedenken auflösen?

Das Ergebnis dürfen Sie, als Wunsch oder Bitte formuliert, bei Wiederaufnahme des Gesprächs an das Gegenüber herantragen. Das ist eine gute Möglichkeit, Feedback zurück in die richtige Bahn und auf ein konkretes Ziel hin zu lenken.

Ein Beispiel soll Ihnen an dieser Stelle verdeutlichen. wie nützlich ein Feedback sein kann und wie es sogar dabei helfen kann, Konflikte zu lösen.

Beispiel
Tom und Frank arbeiten im Straßenbauamt.
Frank ist seit drei Wochen Toms Vorgesetzter. Es ärgert ihn, dass Tom wiederholt Entscheidungen fällt, ohne ihn einzubeziehen. Er fühlt sich übergangen. Er stellt eine Reihe von Regeln zusammen, die er seinem Team in einem Meeting vorstellt.
Tom arbeitet seit zehn Jahren im Straßenbauamt. Er ist es gewohnt, Entscheidungen zu treffen und deren Umsetzung zu betreuen. Sein vorheriger Chef hat ihn mehrfach für sein Mitdenken und Handeln gelobt. Seit dem Führungswechsel fühlt er sich in seiner Arbeit eingeschränkt. Vor allem seit dem letzten Meeting, als Frank die »Regeln« aufgestellt hat. Tom ist demotiviert. Er sucht sich Rat bei einer Kollegin. Die ermuntert ihn, Frank ein Feedback zu geben.

▼

Tom bittet Frank um ein Feedbackgespräch. Er schildert die Situation aus seiner Sicht. Und zwar, dass er die Vermutung habe, dass seine selbstständige Arbeitsweise nicht erwünscht sei. Dass Abläufe unterbrochen werden, wenn er sich bei jeder Entscheidung rückversichern soll und dass er Projekte hierdurch gefährdet sieht.
Frank hört aufmerksam zu. Dann schildert er seine Sichtweise. Er fühlt sich übergangen, wenn Entscheidungen ohne sein Einverständnis getroffen werden. Immerhin trägt er die Verantwortung für die Projekte. Wenn etwas schief läuft, muss er den Kopf hinhalten. Von seinem Team erwarte er mehr Kooperation. Schließlich müsse er als Vorgesetzter ernst genommen werden. Dazu gehöre auch, dass er Entscheidungen zustimmt oder sie ablehnt.

Die Auswertung des Feedbacks kann in mehreren Schritten erfolgen (◘ Tab. 1.4).

▪ **Zusammenfassung**
Feedback ist unerlässlich, da es unterschiedliche Perspektiven zusammenführt. Es sollte konkret, neutral, positiv, zielführend und zeitnah stattfinden und die persönliche Sichtweise darstellen. Jeder Mensch hat eine persönliche Sichtweise. Es gibt kein richtig oder falsch, nur eben eine andere Perspektive. Feedback hilft, Perspektiven zu entdecken. Nicht nur in Bezug auf andere, sondern auch auf sich selbst. Viele Mitarbeiter scheuen sich, ihrem Vorgesetzten Feedback zu geben! Sie unterlassen es daher, oder mildern es ab, um negative Konsequenzen zu vermeiden. **Es liegt in der Verantwortung der Führungskraft eine Feedbackkultur zu etablieren.** Machen Sie es sich daher zur Angewohnheit, Feedback regelmäßig zu geben und fordern Sie immer wieder aktiv Feedback ein.

1.6   Gesundheit

▪ **Überblick**
Stellen Sie sich vor, Sie sind Musiker und in Besitz eines gut eingespielten Instruments. Sie wissen, dass Sie auf der ganzen Welt keinen Ersatz finden würden. Darum lassen Sie größte Sorgfalt walten, weil Sie wissen, dass Sie mit jeder Nachlässigkeit im Umgang unwiderruflichen Schaden anrichten würden. Ohne Instrument kein Spiel. Ohne einen funktionstüchtigen Körper keine Leistungsfähigkeit. Ob wir es gut finden oder nicht, dem Körper verdanken wir die Umsetzung unserer Pläne, Absichten und Vorstellungen. Daher erscheint es nur konsequent, ihm etwas zurückzugeben, indem wir ihn pflegen, einstimmen, vitalisieren und zur Ruhe kommen lassen.

⬚ Tab. 1.4 Auswertung Feedback

Gemeinsame Realität	Vorgesetzter – Mitarbeiter, neue Situation, Thema Entscheidungsfreiheit vs. Kontrolle, laufende Projekte
Blinder Fleck	Tom:
	wirkt auf Frank arrogant, eigensinnig, ablehnend
	Frank:
	wirkt auf Tom wichtigtuerisch, bevormundend
Vorenthalten	Tom:
	hat auch in der Vergangenheit erfolgreich Projekte selbständig betreut, vermisst die Arbeit mit seinem alten Chef
	Frank:
	fühlt sich abgelehnt, will Tom in die Schranken weisen
Unterbewusstsein	Tom:
	Lass dich nicht kleinkriegen, wenn du nicht aufpasst, hast du bald keine Freiheiten mehr!
	Frank:
	Lass dich nicht kleinkriegen, wenn du dich nicht behauptest werden sie dich nie ernst nehmen!
Wünsche formulieren	Tom:
	Ich wünsche mir die Freiheit, schnelle Entscheidungen zu treffen. Ich bin bereit Verantwortung zu tragen.
	Frank:
	Ich wünsche mir respektiert zu werden und über alle Abläufe informiert zu sein.
Lösungsvorschlag	Frank akzeptiert Toms Bedürfnis, die bewährte Arbeitsweise aufrechtzuerhalten. Er übergibt ihm Entscheidungsbefugnis für vier Wochen. Im Gegenzug wird er umgehend informiert und behält sich vor, in Prozesse einzugreifen und ggf. Entscheidungen zu revidieren.
	Tom trifft weiterhin selbstständig Entscheidungen, informiert Frank jedoch umgehend. Diese Abmachung gilt vorerst für eine Dauer von vier Wochen.

>> **Führung bedeutet eine Umstellung im persönlichen Arbeits-**
rhythmus. Plötzlich ist man Ansprechpartner für alle und jeden und
will doch selbst im Grunde nur seine Arbeit machen.

Die große Kunst heißt dann, einen kühlen Kopf zu bewahren und seine
Ziele zu kennen.

Übung

Nehmen Sie ein Blatt Papier und notieren Sie Ihre ganz persönlichen
Ziele, auch wenn sie erst einmal nicht realisierbar erscheinen. Fühlen
Sie sich völlig frei, private und berufliche Ziele zu benennen.

Meine persönlichen Ziele

- gesünder leben
- Zeit für Freunde,
- mehr Gehalt
- ...

Gleich, wie viele Ziele Sie notiert haben, ein Bedürfnis wird mit großer Wahrscheinlichkeit Platz auf Ihrem Zettel gefunden haben: **Balance!** Ohne konkret darüber nachzudenken, spüren wir intuitiv, dass es zu jeder Tätigkeit
einen Ausgleich geben muss. Es liegt im natürlichen Rhythmus des Lebens,
dass es zu jedem Ding einen Gegenspieler gibt. Tag-Nacht, Sonne-Mond,
Bewegung-Ruhe, Ausgelassensein-Einkehr. Wer einmal eine Reihe von Som-
mertagen im nördlichen Breitengraden verbracht hat, spürt, wie sich der
Körper zunehmend, trotz der wunderbar langen Tage, nach Dunkelheit und
Ruhe sehnt. Ein Bedürfnis wie dieses über lange Zeit zu ignorieren, hieße,
dem Körper Schaden zuzufügen. Und dasselbe geschieht, wenn wir ohne
Unterbrechung arbeiten. **Oftmals ist es gar nicht notwendig, die Arbeit zu
reduzieren, häufig hilft schon die (Um-)Verteilung von Prioritäten.**

Übung (Fortsetzung)

Vor Ihnen liegt noch der Zettel mit Ihren Zielen. Verteilen Sie jetzt
Punktezahlen für Prioritäten (1 = kann warten; 2 = eher wichtig;
3 = wichtig; 4 = sehr wichtig; 5 = höchste Priorität).

Meine persönlichen Ziele (mit Prioritäten)

- gesünder leben   4
- Zeit für Freunde   5
- mehr Gehalt   4
- ...

◘ Abb. 1.23 Denksport

■ **Auswertung**

Haben Sie ausgerechnet für jene Sache mit der höchsten Priorität die wenigste Zeit zur Verfügung? Oder sind zwei Prioritäten scheinbar gegenläufig? Für alles gibt es eine Lösung. Hier ein paar Tricks:

▬ **Ziele definieren:** Je klarer Sie Ihre Ziele definieren, umso konkreter werden Ihre Handlungen. Möchten Sie zum Beispiel »mehr Zeit mit Ihren Kindern verbringen«? Das ist noch sehr vage. Sie könnten 24 Stunden mit Ihren Kindern verbringen und auf Dauer wären beide Parteien unzufrieden. Fragen Sie sich stattdessen, was Sie von der Zeit, die sie gemeinsam mit Ihren Kindern verbringen, erwarten. Ist Ihr Ziel eine stabile Bindung zu Ihren Kindern, dann gehört dazu weit mehr, als einfach nur Zeit miteinander zu verbringen. Suchen Sie in diesem Fall aktiv nach Möglichkeiten, die Bindung zwischen Ihnen und Ihren Kindern zu stärken. **Je konkreter Sie Ihre Ziele formulieren, umso leichter finden sich Lösungen.** Sie möchten mehr Sport treiben? Was erwarten Sie von der Tatsache »mehr Sport zu treiben«? Möchten Sie Ihre Fitness erhöhen? Wünschen Sie sich einen durchtrainierten Körper? Oder wollen Sie vielleicht abnehmen und halten Sport für die beste Lösung, das zu realisieren? Sport ist nicht gleich Sport. Es gibt Ausdauersport, Kraftsport, Wassersport, Flugsport, Denksport – sogar Schach wurde als eine olympische Disziplin anerkannt. Mehr als vierhundert Sportarten wurden allein in Deutschland gezählt. **Je konkreter Sie sich vornehmen, eine bestimmte Sportart zu betreiben, desto größer wird Ihr innerer Antrieb sein, es tatsächlich umzusetzen.** Vielleicht wollen Sie einfach nur in Bewegung bleiben, sich spüren. Das ist ein anderer Ausgangspunkt, als an das schweißtreibende »ich sollte mehr Sport machen« zu denken (◘ Abb. 1.23, ◘ Tab. 1.5).

◘ Tab. 1.5 »Meine persönlichen Ziele«: ein Beispiel

Unkonkret	Konkret
Gesünder leben	Regionales Gemüse einkaufen
	Früher schlafen gehen
Zeit für Freunde	Mit Martina ein Wochenende verbringen
	Mit Nils montags Tischtennis spielen (◘ Abb. 1.24)
Mehr Gehalt	Wofür brauche ich das Geld? Wie wichtig ist mir, es zur Verfügung zu haben? Möchte ich mehr Anerkennung für meine Arbeit? Was könnte ich stattdessen verlangen? Beförderung? Fortbildung? Herausforderung?

◘ Abb. 1.24 Tischtennis

▬ **Prioritäten setzen:** Es gibt Ziele, die verdienen eine hohe Priorität. Manchmal erscheint es widersinnig, sogar egoistisch, an einer persönlichen Sache festzuhalten. Gerade in einer Zeit, wo Erfolge so viel zählen, wo alles »effizient« sein muss, besteht Gefahr, Dinge ruhen zu lassen, die »sich nicht rechnen«. Es ist ein Geschenk des Lebens, für etwas zu brennen. Ob es kurzfristig zu Erfolg führt oder nicht, langfristig wird es sich lohnen, wenn Sie am Ball bleiben.

▬ **Ja sagen zu einfachen** Lösungen: Dazu eine kleine Anekdote aus einem Seminar: Auf die Frage nach Strategien für den Fall, dass der Pilot während des Fluges unerwartet krankheitsbedingt ausfällt, entgegnete ein Copilot spontan: »Ich muss auch daran denken, was ich mache, wenn ich das Flugzeug gelandet habe.« Seine Feststellung war absolut richtig und vorausschauend, in zehntausend Metern Höhe verkompliziert sie allerdings die Situation. Man könnte es auch so betrachten wie der kanadische Musiker Leonhard Cohen. Auf die Frage wie er Erfolg definiere, entgegnete er lapidar: »Was ist schon Erfolg. Erfolg ist Überleben.« Manchmal hilft im entscheidenden Augenblick nur eines: loslassen! Das vereinfacht Arbeitsprozesse. Und lenkt den Blick auf das Wesentliche, in dem Fall, das Flugzeug sicher zu landen.

- **Verantwortung teilen:** Verantwortungsbewusstsein ist übertragbar und lässt sich durch Mitsprache erreichen. Animieren Sie jeden Einzelnen im Team zum Mitdenken und eigenverantwortlichen Handeln. Fördern Sie selbstständiges Arbeiten bei gut dosierter Kontrolle. Investieren Sie in die Stärken Ihrer Mitarbeiter und schaffen Sie die Rahmenbedingungen, diese zu entfalten.

- **Mut zu Visionen:** Ohne Visionäre wäre unsere Welt nicht die, die sie heute ist. Wir hätten weder Schulen noch medizinische Rundumversorgung, keine Flugzeuge oder Computer. Die Gründungsvision von Microsoft im Jahre 1975 lautete: »In jedem Zuhause, auf jedem Schreibtisch soll ein Computer stehen.« Wer die Jahreszahl betrachtet, bekommt eine Ahnung, wie absurd das für die meisten geklungen haben muss. Ebenso absurd wie die Idee, den Mars bewohnbar zu machen. Buzz Aldrin jedenfalls, der als Zweiter nach Neil Armstrong den Mond betreten hat, ist fest überzeugt von dieser Möglichkeit. Typisch für Visionen ist, dass sie interessant klingen und mit vorhandenen Mitteln nicht machbar sind. Ihre Realisation ist irgendwo in der Zukunft angesiedelt. Und doch haben sie eine Funktion. Sie sind Leitbilder. **Visionen bringen auf den Punkt wie etwas sein könnte. Allein dadurch, dass sie existieren, lassen sie uns nach Möglichkeiten forschen.** Sie überwinden Grenzen und öffnen Horizonte. Sie steigern das Wohlbefinden, weil sie als Antrieb wirken, Dinge zu gestalten und Lebensqualität zu verbessern.

1.6.1 Grundbedürfnisse

Um Visionen, Selbstverwirklichung und Entwicklung ging es auch dem US-amerikanischen Psychologen Abraham Maslow. Er gab allerdings zu bedenken, dass das **Bedürfnis nach Selbstverwirklichung voraussetze, dass andere, grundlegendere Bedürfnisse erfüllt sind.** Dazu zählen die Bedürfnisse nach Nahrung, Wasser, Schlaf, Arbeit, Sicherheit, Anerkennung und Liebe. Er fasste die menschlichen Bedürfnisse in einer Pyramide zusammen, an deren Spitze er die Selbstverwirklichung sah. Existentielle Bedürfnisse wie Nahrung, Luft, Wasser und Schlaf bilden den Grundstein. Darauf aufbauend, schließen sich die Bedürfnisse nach materieller Sicherheit, Zuneigung und Anerkennung an. Sie sind sog. Defizitbedürfnisse: Erst wenn sie erfüllt sind, kann sich der Mensch höheren, wachstumsorientierten Zielen widmen, die seine Selbstentfaltung begünstigen.

Die Bedürfnispyramide nach Maslow unterscheidet Grundbedürfnisse von Wachstumsbedürfnissen, die der Entfaltung der Persönlichkeit dienen. Der Aussagekern dieser Bedürfnispyramide ist der, dass Menschen, deren Grundbedürfnisse nicht erfüllt sind, ihre Energie darauf verwenden, jene sicherzustellen. Müdigkeit, Hunger, räumliche Enge und fehlender Zuspruch können sich extrem auf die Leistungsfähigkeit eines Menschen auswirken.

Beispiel: Beeinträchtigung der Leistungsfähigkeit durch Übermüdung
Maria ist Flugzeugkapitänin. Morgens im Briefing fällt ihr ein Flugbegleiter auf, der sehr blass und apathisch aussieht. Maria trägt Verantwortung dafür, dass jedes Crewmitglied vor Antritt des Fluges in guter körperlicher und mentaler Verfassung ist. Tut sie dies nicht, handelt sie gegen Sicherheitsbestimmungen. Stellt sie also fest, dass ein Crewmitglied übermüdet oder gesundheitlich beeinträchtigt scheint, ist es ihre Pflicht, für Aufklärung zu sorgen. Maria bittet den Flugbegleiter nach dem Briefing zu einem kurzen Gespräch. Es stellt sich heraus, dass er aufgrund von Zahnschmerzen eine schlaflose Nacht hatte, jedoch unbedingt fliegen will, weil er am Zielort mit seiner Freundin verabredet sei. »Es wird schon irgendwie gehen«, meint er. Maria sieht das anders. Sie klärt den Flugbegleiter über die ernsthafte Gefährdung auf, bittet ihn zum Arzt zu gehen und sorgt für Ersatz.

In einem Arbeitsumfeld, wo der »Faktor Mensch« eine sicherheitsrelevante Rolle spielt, ist die Erfüllung von Grundbedürfnissen eine Notwendigkeit für sicheres Arbeiten. Aber auch in jedem anderen Beruf ist es sinnvoll, auf Grundbedürfnisse zu achten. Mitarbeiter, die pausenlos Überstunden absolvieren, schalten irgendwann auf Sparflamme. Das ist eine notwendige Reaktion des gesunden Organismus.

> **Ebenso wichtig wie erfüllte Grundbedürfnisse sind Möglichkeiten zur persönlichen Weiterentwicklung. Sie als Führungskraft gestalten auf zweierlei Weisen den Rahmen zur Weiterentwicklung: Für sich selbst und für die Menschen in Ihrem Team.**

Sollten Sie noch zögern, ob die Entscheidung, sich in eine Führungsposition zu begeben, richtig war für Ihre persönliche Entfaltung, lassen Sie sich ermutigen: Selbstverwirklichung bedeutet ausprobieren, Ansichten und

Meinungen ggf. zu revidieren, Entscheidungen für richtig zu befinden oder sie bei Erkenntnis eines Besseren zurückzunehmen.

1.6.2 Widerstandskraft (Resilienz)

Als Führungskraft, die mannigfaltigen Aufgaben und Bedürfnissen gerecht werden soll, ist es sinnvoll, sich mit der eigenen Widerstandskraft zu beschäftigen. Der Druck von außen kann durchaus enorm werden, wenn Sie es zulassen. In der Physik versteht man unter Resilienz die Fähigkeit von Materialen, nach Druck von außen in den ursprünglichen Zustand zurückzukehren.

Auf den Menschen übertragen, bedeutet Resilienz die Fähigkeit, sich durch Tiefschläge im Leben nicht entmutigen zu lassen, sondern daraus zu lernen und diese Erfahrungen in das eigene Leben zu integrieren. Es wird immer wieder Situationen geben, die an die eigenen Grenzen führen. Das Gute daran: **Aus jeder schwierigen Situation, die wir erfolgreich bewältigen, gehen wir gestärkt hervor.** Unsere Widerstandskraft wird also nicht größer, indem wir schwierige Situationen vermeiden, sondern indem wir sie aktiv bewältigen. Jeder Mensch hat seine eigenen Bewältigungsstrategien.

Allerdings gibt es auch ein paar allgemeine Blickwinkel, die Sie einnehmen können, um unter »erhöhtem Außendruck die Form zu behalten«.

- **Fünf Blickwinkel zur Erhöhung der Resilienz**
- ▪ ▪ **Der Beobachter**

Machen Sie aus einem vermeintlichen Nachteil einen Vorteil. Nehmen Sie einen günstigen Abstand zu einem Problem ein und begeben Sie sich in eine Beobachterposition. Bruno Itan wuchs in den Favelas auf. Schon immer wollte er Fotograf werden. Er gehörte zu den Ärmsten, schrubbte Autos und sparte Geld zusammen – für seine erste Kamera. Banden und Drogenkriege umgaben ihn. Er brauchte bloß das Objektiv seiner Kamera darauf zu richten. Dort, wo sich kein anderer Fotograf mehr hintraute, schoss Bruno seine Bilder. Heute fotografiert Bruno Politiker und Medienstars und gilt als einer der Hoffnungsträger der Favelas. Was ist sein Geheimnis?

Bruno hatte frühzeitig einen Traum, eine Vision auf die er hinarbeitete. Er arbeitete an seinen Stärken. Seinen Nachteil baute er geschickt zu einem Vorteil um. Und er kannte sich aus in seinem Viertel. Er war mittendrin und gleichzeitig in der Beobachterrolle.

Was Sie von Bruno lernen können?

Ein Fotograf muss genau beobachten können. Er darf nicht zu nah dran, aber auch nicht zu weit weg sein vom Geschehen. Eine nüchterne, objektive Distanz ermöglicht ihm, das große Ganze zu betrachten und aus der gewünschten Perspektive festzuhalten. Wenn Sie also bemerken, dass der Druck von allen Seiten auf Sie zu hoch wird, nehmen Sie eine Beobachterposition ein. Schauen Sie sich die Dinge aus der Distanz an und schaffen Sie eine Momentaufnahme.

▪▪ Der Pilot

Lenken Sie Ihren Fokus auf das Wesentliche. In der Fliegerei gibt es sog. »Call outs«, das sind mehr oder minder Befehle, die für bestimmte Situationen gelten. Der Befehl für das Wesentliche lautet: »Fly the aircraft«. Egal was passiert, der Pilot muss sein Flugzeug fliegen. Alles andere ist sekundär, kann delegiert werden oder muss nacheinander erledigt werden, sobald es freie Kapazitäten gibt.

▪▪ Der Trainer

Denken Sie positiv. Mentales Training ist v. a. bei Sportlern beliebt. Dabei geht es darum, sich wiederholt Handlungsabläufe vorzustellen und auf ein positives Ziel hin auszurichten. Negative Gedanken und Selbstzweifel, die der Erreichung des Zieles hinderlich sind, werden aktiv eingedämmt und durch positive ersetzt. Verhalten Sie sich also wie Ihr persönlicher Coach. Wählen Sie positive Strategien. Visualisieren Sie das gewünschte Ziel. Mobilisieren Sie Kräfte. Vertrauen Sie Ihren Stärken.

▪▪ Der Schatzsucher

Begeben Sie sich auf Schatzsuche. Das Gold der Ostsee ist der Bernstein. Es braucht große Stürme, ihn an Land zu spülen. Dort liegt er selten einfach so sichtbar am Strand, sondern in einer Unmenge von Seetang und Schlick verborgen. Wer ihn finden will, muss geduldig suchen – wird dann aber umso mehr belohnt.

Egal, wie stürmisch es um Sie herum ist und wie viele scheinbar unnütze Dinge sich anhäufen: Mittendrin finden sich die kostbarsten Schätze, wenn Sie danach suchen. Die größten Schätze, die Sie als Führungskraft finden können, sind die Stärken Ihrer Mitarbeiter. Wenn es Ihnen gelingt, diese freizulegen, werden Sie spüren, wie Sie immer besser gegen Widerstände gewappnet sind.

▪▪ Der Chinese

Lernen Sie das chinesische Wort für Krise auswendig. Das Wort »Krise« setzt sich im Chinesischen aus zwei Schriftzeichen zusammen. Das erste Zeichen steht für »Furcht«, das zweite für »Chance«. Die Erkenntnis, dass sich in einer ernsten Situation gleichzeitig eine günstige Gelegenheit bietet, kann als resilienztypische Sichtweise gelten. Es spricht für eine starke Persönlichkeit, schwierige Situationen als Herausforderung und Chance zugleich wahrzunehmen.

1.6.3 Die Entwicklung des eigenen, authentischen Führungsstils

Die Überschrift enthält einen Begriff, der sich besonders hervorzuheben lohnt: **Entwicklung.** Im Duden ist damit »das allmähliche Entstehen« beschrieben, auch »ein sich stufenweises Herausbilden«, ferner »in einem Prozess fortlaufend in eine neue (bessere) Phase zu treten«. Materieller Wohlstand ist nicht ausschlaggebend für dieses Sich-Entwickeln. Das haben unzählige Persönlichkeiten bewiesen, die unter schwierigsten politischen und existentiellen Bedingungen ein eindrucksvolles Lebenswerk erschaffen haben. Wenn Sie zum ersten Mal eine Führungsposition übernehmen, haben Sie vermutlich schon Beachtliches geleistet, dennoch stehen Sie in Ihrer Entwicklung auf diesem Gebiet am Anfang. **Bewahren Sie sich Offenheit, Neugier und den Mut, einen eigenen, individuellen, persönlichen Führungsstil zu entwickeln.** Es wird Situationen geben, wo Sie am liebsten das Handtuch werfen möchten. Versuchen Sie es dann auf die chinesische Art: In jeder Krise steckt auch eine günstige Gelegenheit.

1.7 Zusammenfassung

Selbstführung ist die Voraussetzung zur Mitarbeiterführung. Je besser Sie über sich selbst Bescheid wissen, also Ihre eigene Perspektive kennen, desto besser wird es Ihnen gelingen, sich auf andere Menschen einzustellen. Die Selbsterkenntnis reicht von relativ einfach zu durchschauenden Motiven und inneren Antreibern bis hin zu komplexen Wahrnehmungsmustern. Sie haben einige typische Wahrnehmungsfallen kennengelernt und Möglichkeiten zur Steigerung der Objektivität im Rahmen der Urteilsbildung erfahren. Nutzen Sie regelmäßig das Feedback als Chance, Ihre Wirkung auf andere Menschen zu überprüfen und Ihren Führungsstil zu reflektieren. Erwarten Sie am Anfang nicht zu viel, ein Führungsstil entwickelt sich im Laufe der Zeit. Vertrauen Sie auf Ihre Stärken und Kompetenzen und gestehen Sie sich selbst und anderen Fehler zu. Bewahren Sie sich eine Offenheit für Situationen und Menschen. Das gibt Ihnen die notwendige Flexibilität und Neugier, die nötig ist, um Menschen anzuleiten und zu gemeinsamen Zielen zu führen.

Mitarbeiterführung

Diana von Kopp

D. von Kopp, *Führungskraft – und was jetzt?*,
DOI 10.1007/978-3-662-50362-1_2, © Springer-Verlag Berlin Heidelberg 2017

Was ist eigentlich Führen? Kann man auch nicht führen? Oder verhält es sich mit der Führung wie mit der Kommunikation, von der Paul Watzlawick treffend behauptet hat, »man kann nicht nicht kommunizieren.« Kann man folglich auch nicht nicht führen? Bedeutet das im Umkehrschluss, dass sowohl das, was ich tue, als auch das, was ich unterlasse, Führung bedeutet, sobald ich die Position eines Vorgesetzten inne habe? Wer sind außerdem diejenigen, die folgen? Gibt es unterschiedliche Mitarbeitertypen und wie gehe ich mit ihnen um? Und wie gestaltet sich die ideale Beziehung zwischen Führungskraft und Mitarbeiter? Wie lassen sich beide Perspektiven zusammenführen zu einem gemeinsamen, planvollen Handeln? Dieses Kapitel gibt Ihnen Antworten auf diese Fragen und zeigt Ihnen auf der Grundlage von Beispielen auf, wie Führung auf verschiedene Weise stattfinden kann.

2.1 Mitarbeiter oder Follower

Wenn es Führung gibt, so muss es auch diejenigen geben, die folgen. Wer ist es in Ihrem Fall? Das ist eine der ersten Fragen, die Sie sich stellen sollten:

»Aus welchen Mitarbeitern besteht mein Team?«

- Welche Motive könnten die Einzelnen steuern?
- Wie sind die Lebensumstände der Einzelnen, das Alter, der Familienstand, die Karriereplanung?
- Welche Erwartungen werden an Sie herangetragen?
- Sind Sie womöglich Nachfolger eines beliebten Vorgängers?

Das alles stellt kein Problem dar, solange Sie Bescheid wissen! Je sorgfältiger Sie sich Ihre Mitarbeiter anschauen und vor allen Dingen ihnen zuhören, desto zügiger werden Sie miteinander vertraut und umso schneller können Sie die Stärken Ihrer Mitarbeiter erkennen und zum Einsatz bringen.

> **Empfehlungen**
> ➡ Suchen Sie frühzeitig das Gespräch zu Ihren Mitarbeitern. Geben Sie ihnen Gelegenheit Vertrauen zu fassen. Erkundigen Sie sich nach ihren Aufgabengebieten, ihren Erfahrungen in der Vergangenheit. Loben Sie Dinge, die in der Vergangenheit gut funktioniert haben. Signalisieren Sie Bereitschaft, Gutes beibehalten zu wollen. Fragen Sie nach Wünschen für die gemeinsame Zusammenarbeit. Formulieren Sie Ihre eigenen Erwartungen. Verwenden Sie häufig die Worte »gemeinsam« und »wir«.
>
> ▼

— Stellen Sie dabei Ihr eigenes »Licht nicht unter den Scheffel«.
Berichten Sie von Ihren Erfahrungen und zeigen Sie Kompetenz. Sie
sind für den Posten ausgewählt worden, weil Sie kompetent sind,
weil man es Ihnen zutraut, ein Team zu führen. Es muss kein Nachteil sein, wenn Sie sich vorerst an das halten, was Sie besonders gut
können. Das gibt Ihnen selbst, aber auch Ihren Mitarbeitern die
nötige Sicherheit.

Typologie

Mitarbeiter ist nicht gleich Mitarbeiter. Zu diesem Ergebnis kam eine For-
schungsgruppe der Universität Jerusalem um Boas Shamir. Nach der Auswertung von Charakterzügen und Arbeitsverhalten von Arbeitnehmern
machten sie folgende Entdeckung: Offensichtlich ließen sich sämtliche
Mitarbeiter, in der Studie auch Follower genannt, in fünf Kategorien auf-
teilen. Im Folgenden werden sowohl die fünf Kategorien aufgelistet als auch
die Gefahren benannt, die sich hinter dem gezeigten Verhalten verbergen
(❏ Abb. 2.1).

Die Einteilung der Mitarbeiter in fünf Followertypen ist ein Anhalts-
punkt. Follower haben unterschiedliche Gründe, Führung zu akzeptieren.
Die Grenzen zwischen den Followerkategorien sind dabei fließend. Es gibt
Situationen, die ein ganz bestimmtes Followerverhalten hervorrufen. Somit kann ein und dieselbe Person je nach Situation ein anderes Followerverhalten zeigen. Das kennen Sie vielleicht aus persönlicher Erfahrung;
gegenüber einer Politesse, die Ihnen gerade einen Strafzettel an den Schei-
benwischer klemmt, verhalten Sie sich möglicherweise anders als gegenüber einer Ärztin, die Ihnen gerade zu einer bestimmten Behandlung geraten hat. Die Politesse versuchen Sie vielleicht zu überreden, den Strafzettel zurückzunehmen. In diesem Fall verhalten Sie sich opportunistisch. Das
heißt, Sie zeigen ein Verhalten, von dem Sie sich einen bestimmten Vorteil
erhoffen. Wohingegen Sie den Empfehlungen der Ärztin vielleicht aus Unsicherheit ohne Widerspruch Folge leisten. Genauso haben Ihre Mitarbeiter bestimmte Gründe, Anweisungen zu befolgen. Diese Gründe zu kennen, kann Führung deutlich erleichtern. Die folgende Übersicht erklärt
Ihnen typische Verhaltensweisen der einzelnen Followertypen sowie Vorteile und Gefahren, die diesen zugrunde liegen.

Der Folgsame

Dieser Mitarbeiter wird Sie akzeptieren, einfach weil Sie sein Vorgesetzter
sind. Entscheidungen, die Sie treffen, werden von ihm mitgetragen und
ausgeführt. Das kann sehr angenehm für Sie sein, allerdings dürfen Sie von

☐ Abb. 2.1 Follower

diesem Mitarbeiter kein ehrliches Feedback erwarten, kein Nachfragen und keine konstruktiven Vorschläge. Er wird einfach tun, was ihm aufgetragen wurde. Dieser Followertyp ist das Gegenteil von dem, was man einen Querdenker nennt. Er wird Ihre Art und Weise zu führen fraglos unterstützen. Das kann Vorteile haben, allerdings hat es auch den Nachteil, dass Sichtweisen und Problemlösestrategien zu erstarren drohen. Denn dort, wo sich alle einig sind, ist davon auszugehen, dass eine gewisse Homogenität untereinander herrscht. Die Sichtweise ist also die Gleiche. Das erschwert Perspektivwechsel und nützliche Veränderungen. Bei der Auswahl Ihrer Teammitglieder sollten Sie sich nicht dazu verleiten lassen, ausschließlich diesen einfach zu handhabenden Followertypen zu wählen. Es sei denn, Sie mögen es, wenn man Ihnen widerspruchslos Folge leistet. Im Übrigen kann ein rigides, autoritäres Verhalten des Vorgesetzten dieses Followerverhalten auch erst auslösen.

Vorteil	Kooperatives Verhalten, wenig Konfliktpotential, positives Verhalten gegenüber der Führungskraft
Gefahr	Mitläufer, wenig Loyalität, wohlgesinnt nur, solange Sie sicher als Vorgesetzter gelten, bei einem Führungswechsel wird er sich der nächsten Führungskraft anschließen und deren Anforderungen erfüllen

■ Der Opportunist

Er erhofft sich einen persönlichen Vorteil, wenn er sich mit Ihnen gutstellt. Ob Beförderung, Gehaltserhöhung oder sonstige Bevorzugung, um seine persönlichen Ziele zu erreichen, wird er sich bei Ihnen einschmeicheln. Der Opportunist ist mitunter schwer zu erkennen, da er sich fair und freundschaftlich Ihnen gegenüber zeigt. Es erfordert Selbstkritik, sich von dem Lob und der Fürsprache des Opportunisten nicht blenden zu lassen. Sollten Sie Befürchtungen haben, sich jedoch nicht sicher sein, ob Sie es mit einem zu tun haben, schauen Sie sich die berufliche Vita des Opportunisten an und fragen Sie ihn nach bisherigen Arbeitgebern. Betont er laufend Vorteile, die ihm aus dieser oder jener Konstellation entstanden sind, sollten sie wachsam sein. Ebenso wenn Sie Sätze hören wie:»Das hat mir nicht viel gebracht«, oder»Hier hat es sich für mich so richtig gelohnt«. Achtung: Sie haben es in der Hand, ob Sie Opportunismus fördern, z. B. indem Sie diejenigen Mitarbeiter, die durch einschmeichelndes Verhalten bei Ihnen punkten, tatsächlich bevorzugen. Oder im Gegenteil Opportunismus verhindern, indem Sie Ihre Mitarbeiter gleichbehandeln.

In Fällen, wo Sie opportunistisches Verhalten belohnen, besteht Gefahr, dass sich andere Mitarbeiter, die hart an guten Arbeitsergebnissen gearbeitet haben, zurückgesetzt fühlen und demotiviert sind.

Vorteil	Kooperatives Verhalten, wenig Konfliktpotential, Unterstützung, Fürsprache
Gefahr	Unehrlichkeit, geringe Loyalität, der Opportunist wechselt rasch die Lager und findet sich immer dort ein, wo er die meisten Vorteile erhofft

▪ Der Unsichere

Dieser Follower braucht eine starke Führungspersönlichkeit, eine die ihm Kompetenz, Souveränität und Sicherheit vermittelt. Es sind häufig unsichere Situationen, die dieses Bedürfnis wecken, wie es z. B. bei umfangreichen Restrukturierungsmaßnahmen in Unternehmen der Fall ist. Häufig sind es auch unerfahrene, neue Mitarbeiter und Berufsanfänger, die sich aufgrund von Unsicherheit eine klare Linie und hohen emotionalen Zuspruch wünschen. Ohne diese klare Linie besteht die Gefahr der Demotivation und fehlenden Orientierung. Achten Sie in diesen Fällen besonders darauf, präsent, zuversichtlich und emotional erreichbar zu sein.

Unmittelbar bevor auf dem Hudson River ein Flugzeug notwasserte, rief der Flugzeugführer Kapitän Sullenberger: »This ist the captain, brace for impact«. Vermutlich nahm jeder der Anwesenden sofort die geforderte Sicherheitshaltung ein. Niemand stellte die Anweisung in Frage. Dieses Beispiel ist natürlich etwas extrem, zeigt jedoch deutlich ein typisches Followerverhalten, das einer Unsicherheit entspringt. In unsicheren Situationen steigt die Bereitschaft Anweisungen zu befolgen, wenn sie eine Verringerung der Unsicherheit zur Folge haben. Dabei fällt das Vertrauen auf denjenigen, der die Sicherheit erhöht, der im Auftreten, Wort und Handeln Zuversicht ausstrahlt.

Vorteil	Bei wahrgenommener Sicherheit hohe Akzeptanz, Loyalität, erledigt zuverlässig Aufgaben, stellt keine Fragen, nimmt Mehrarbeit in Kauf
Gefahr	Braucht klare Ansagen und Vorgaben, wenig Eigeninitiative, Angst blockiert Kreativität, wechselt leicht das Lager, Mitläufer, schließt sich im Zweifel immer demjenigen an, der größere Stärke und Sicherheit vermittelt

> **Hinweis**
> Sie sind die neue Führungskraft. Für Ihre Mitarbeiter hat sich mit dem Führungswechsel ein situativer Wechsel vollzogen. Veränderungen rufen i. Allg. Verunsicherung hervor. Von Ihnen wird erwartet, dass Sie Ihren Mitarbeitern die Unsicherheit nehmen! Falls Sie sich diese Chance entgehen lassen, findet sich womöglich ein anderer in den Reihen der Mitarbeiter, der Ihre Rolle übernimmt und dem Ihre Mitarbeiter bereitwillig folgen werden. In diesem Fall spricht man von einem informellen Leader, also jemandem, dem zwar offiziell keine Autorität gegeben ist, der jedoch unter den Kollegen ein hohes Ansehen genießt. Damit besteht Gefahr, dass Ihnen Informationen vorenthalten und Ihre Anweisungen nicht befolgt werden. Beugen Sie dem vor und beziehen Sie einen klaren Standpunkt. Erklären Sie, wie Sie sich die gemeinsame Arbeit vorstellen, und zeigen Sie sich offen für die Bedürfnisse Ihrer Mitarbeiter.

■ **Der Abstauber**

Der Abstauber hat eine identitätsbasierte Motivation, sich mit Vorgesetzten gut zu stellen. Er begibt sich gern in die Nähe einflussreicher Personen. Das tut seinem Selbstbewusstsein gut. Dafür nimmt er in Kauf, dem Vorgesetzten nach dem Mund zu reden und mit der eigenen Meinung hinterm Berg zu halten. Ein eigener fester Standpunkt ist nicht unbedingt Sache des Abstaubers. Lieber teilt er die Meinung der einflussreichen Personen in seiner Nähe. Das hat den Nachteil, dass man als Führungsperson nie so genau weiß, woran man bei ihm wirklich ist.

Vorteil	Solange Sie etwas zu sagen haben, folgt Ihnen der Abstauber gern, Je höher Sie auf der Karriereleiter klettern, desto lieber wird er mit Ihnen zusammen sein.
Gefahr	Mit der Loyalität nimmt es der Abstauber nicht so genau. So hochgradig loyal er sich Ihnen gegenüber im Erfolgsfall verhält, so rasch verschwindet er im Falle eines anhaltenden Misserfolgs. Auch dürfen Sie kein ehrliches Feedback von ihm erwarten. In Arbeitsergebnisse, die kurzfristig zu Ansehen führen, wird er mehr Kraft investieren als in langfristige gemeinsame Ziele. Sein Ansehen ist ihm wichtiger als nachhaltige und gute Arbeit.

■   **Die Sinnsucher**

Grundsätzlich verbirgt sich in jedem Menschen der Wunsch nach einer sinnstiftenden Aufgabe, an der er seine Kompetenz beweisen kann und die ihm Anerkennung einbringt. Auch Ihre Mitarbeiter möchten wissen, wofür sie arbeiten. Menschen mit einem hohen Bewusstsein für den Sinn und die Bedeutung des eigenen Tuns können die Arbeitsaufgabe als solche in den Mittelpunkt stellen. Sie schätzen i. d. R. gemeinschaftliches Arbeiten, denken mit und zeigen ein hohes Maß an Eigeninitiative. Wenn Sie Anforderungen an Ihre Mitarbeiter haben, erklären Sie Ihnen die Notwendigkeit. Sorgen Sie dafür, dass Ihre Entscheidungen nachvollziehbar sind. Beziehen Sie Ihre Mitarbeiter in Entscheidungen ein. Bringen Sie ihnen Wertschätzung entgegen. Zeigen Sie, warum es sich lohnt, in ein gemeinsames Ziel Kraft zu investieren. Ihre Mitarbeiter werden es Ihnen mit Engagement und guten Leistungen danken.

Vorteil	Hohes Engagement, hohe Teamfähigkeit, Bereitschaft zum Mitdenken, hohe Initiative, eigenständige und verantwortungsbewusste Arbeitsweise
Gefahr	Demotiviert, wenn Chancen zur Entwicklung und das Bewusstsein für den Sinn der eigenen Tätigkeit fehlen

■   **Zusammenfassung**

Die Bereitschaft, Ihren Anweisungen zu folgen, entspringt unterschiedlichen Bedürfnissen.

Sie sollten sich mit der Möglichkeit vertraut machen, dass in Ihrem Team sämtliche Followertypen vertreten sein könnten (◨ Tab. 2.1):

- der folgsame, unauffällige Mitläufer,
- der beständig nach persönlichen Vorteilen strebende Opportunist,
- der unsichere Berufsanfänger,
- der identitätsorientierte Schönredner und
- der engagierte Mitdenker.

Im Umkehrschluss zeigt das, wie wichtig es ist, auf Ihre Mitarbeiter einzugehen. Der Vorteil dieser Typologie besteht nämlich darin, dass sie situationsspezifisch ist.

▶ **Unter günstigen situativen Umständen kann aus jedem Follower ein engagierter Mitdenker werden.**

Hier wird deutlich, wie wichtig ein individuell abgestimmter Führungsstil ist. Das heißt, ein Führungsstil, der auf die Situation, die Aufgabenstruktur, die Kompetenz und die emotionalen Bedürfnisse des Mitarbeiters zugeschnitten ist. Emotionale Bedürfnisse sind besonders dann vorhanden,

Followertyp	Eigenschaften	Loyalität
Der Folgsame	Positionsorientiert, akzeptiert grundsätzlich jeden Vorgesetzten	Mittel
Der Opportunist	Verspricht sich Vorteile, indem er sich mit der Führungskraft gutstellt	Gering
Der Unsichere	Erwartet, dass Vorgesetzter Bedürfnis nach Sicherheit stillt	Mittel
Der Abstauber	Identitätsorientiert, zieht Selbstbewusstsein aus Kontakten mit einflussreichen Personen	Gering
Der Sinnsucher	Braucht Werte, Ziele, Relevanz	Hoch

◻ **Tab. 2.1** Followertypologie

wenn Situationen sich ändern, sei es im Unternehmen oder innerhalb des Aufgabenbereiches des Einzelnen. Von einer Führungskraft wird in diesen Fällen erwartet, dass sie Sicherheit bietet und Zuversicht ausstrahlt. Als Führungsperson sollten Sie eine gewisse Sensibilität aufbringen für die geforderten Bedürfnisse. Einem Mitarbeiter mit geringem Selbstbewusstsein sollten Sie andere Möglichkeiten aufzeigen, die Identität zu stärken, als jene, Ihnen nach dem Mund zu reden. Zeigen Sie diesem, dass es sich lohnt, seine Energie besser in Aufgaben zu stecken, die dem gesamten Team und den Arbeitsergebnissen als solchen zugutekommen. Die Stärkung des Teamgedankens ist auch für den Opportunisten sinnvoll. Es ist eine Frage des Anreizsystems, ob der Einzelne auf Vorteile hoffen darf, indem er sich mit dem Vorgesetzten gut stellt, oder ob das Augenmerk darauf liegt, dass es dem Team als Ganzem gut geht. Sie ahnen an dieser Stelle vielleicht schon, wie facettenreich das Thema Mitarbeiterführung sein kann. Es gibt keine einfache Formel und schon gar keinen bestimmten Führungsstil, der für jeden Mitarbeiter und jede Situation Gültigkeit besitzt. Vielmehr braucht eine Fuhrungskraft eine gute Portion Menschenkenntnis, eine gesunde rationale Urteilskraft und auch ein gewisses psychologisches Gespür. Besitzen Sie dieses, kann es Ihnen gelingen, aus Mitarbeitern engagierte Mitdenker zu machen: jene, die ihrer Arbeit einen Sinn entnehmen können, die sich mit gemeinsamen Werten und Zielen identifizieren. Immerhin gehören in die Gruppe der engagierten Mitdenker diejenigen Mitarbeiter mit der höchsten Loyalität gegenüber dem Vorgesetzten. Es dürfte also in Ihrem ganz persönlichen Interesse liegen, diese Gruppe zu vergrößern.

> ❯❯ Wirklich zuverlässig und auf lange Sicht engagiert sind nur jene Mit-
> arbeiter, die ihre Arbeit für sinnvoll erachten. Die sich mit vorge-
> gebenen Werten und Zielen identifizieren und die ihre Arbeit als
> relevant, also bedeutsam einstufen. Letzteres ist davon abhängig,
> wie viel Wertschätzung und Anerkennung ihnen für die geleistete
> Arbeit entgegengebracht wird.

Um die Themen »Werte, Ziele und Wertschätzung« geht es im nächsten
Abschnitt.

2.2   Werte, Ziele, Relevanz

Diese drei Faktoren vermitteln Sinn, haben Sie eben erfahren. Richtig angewandt erhöhen sie die Loyalität Ihrer Mitarbeiter. Grund genug, sie im
Folgenden ausführlicher zu betrachten (◻ Abb. 2.2).

2.2.1   Werte

▪ **Was sind Werte?**

Im Sinne Immanuel Kants sollte ein Wert etwas sein, das zu einem allgemeingültigen Gesetz taugt. Ein Mensch sollte also so handeln, dass aus seinen Handlungen ein verallgemeinerbares Gesetz abgeleitet werden kann. Es
gibt typische Sprichwörter, die diese Haltung verdeutlichen, beispielsweise
»Was du nicht willst, das man dir tu, das füg auch keinem anderen zu«.

Werte gelten im Vergleich zu Bedürfnissen und Interessen als höher-
rangig.

Stellen Sie sich vor, Sie gehen am Strand spazieren und vor Ihnen taucht
eine außergewöhnlich schöne Sandburg auf. Ganz offensichtlich hat jemand viel Zeit und Mühe in das Kunstwerk investiert. Ohne großartig
darüber nachzudenken, werden Sie ihre Marschroute ändern und einen
Bogen um die Burg herum machen. Selbst wenn der Gedanke kurz auf-
blitzt, wie es wäre, einfach so hindurch zu gehen, Sie würden es nicht tun.
Etwas hält Sie zurück. Ein Wert, den ein Mensch verinnerlicht hat, gilt um
seiner selbst willen. Im Handeln wirkt er wie eine Verpflichtung. Bleiben
wir bei dem Strandspaziergang. Sie schauen sich um und sehen einen in
Not geratenen Menschen im Wasser. Ohne lange zu überlegen, werden Sie
entweder Hilfe holen oder selbst ins Wasser eilen. Denn: Werte steuern
unser Verhalten. Und weil sie dies tun, können sie als Leitbilder dienen und
auch als Leitbilder für Führung. Unternehmen haben einen sog. Code of
Business Coduct, eine grundlegende Sinn- und Werteebene, die genau je-

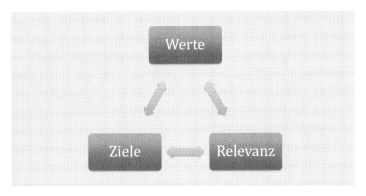

◻ **Abb. 2.2** Werte, Ziele und Relevanz

nen Zweck erfüllt: Das Verhalten der Mitarbeiter soll in eine bestimmte Richtung gelenkt werden. Lautet ein Wert beispielsweise Toleranz, so stellt er eine Maxime dar, an der sich Handlungen ausrichten sollten.

In der Realität zeigt sich allerdings häufig, wie schwierig die Umsetzung von Werten im Einzelnen sein kann. Das liegt daran, dass Werte einen theoretischen Idealzustand beschreiben. Es ist eine Frage der Auslegung, was der Einzelne unter dem vorgegebenen Wert versteht und welche Handlungskonsequenzen er daraus zieht. Zuweilen kann das strikte Einhalten eines Wertes sogar genau das Gegenteil bewirken.

Beispiel

Anna bucht sich während einer Geschäftsreise in einem Hotel ein, das mit Serviceorientierung als oberster Maxime wirbt. Anna wird noch vor der Tür von einem Mitarbeiter in Empfang genommen. Er besteht darauf, ihr Gepäck, einen kleinen Reisekoffer, auf ihr Zimmer zu bringen. An der Rezeption wird Anna nach ihrer Lieblingszeitung befragt. Dann geht sie aufs Zimmer und wartet auf ihren Koffer. Nach einer Viertelstunde vergeblichen Wartens ruft sie an der Rezeption an. Dort erklärt man ihr, dass zu viel los sei und entschuldigt sich für die Verspätung des Gepäcks. Anna wartet eine weitere Viertelstunde. Eigentlich hätte sie sich in dieser Zeit lieber ein paar Unterlagen angesehen, die sich in dem Gepäck befanden. Notgedrungen tut sie dies später und verzichtet dafür auf die geplanten Bahnen im Pool. Als sie am nächsten Morgen ihr Hotelzimmer verlässt, findet sie an der Tür die Tageszeitung, die sie am Vortag als Lieblingszeitung angegeben hatte. Natürlich hat sie sich an diesem Morgen bereits online über die wichtigsten Nachrichten informiert. Im Frühstücksraum vermisst sie eine Auswahl an Tageszeitungen. Sie hätte gerne bei einer Tasse Kaffee einen Blick in die New York Times geworfen.

Dieses kleine Beispiel zeigt, dass jener Wert der Serviceorientierung zwar verinnerlicht, aber komplett an den Bedürfnissen des Gastes vorbei gelebt wurde.

Die Belegschaft des Hotels handelte pflichtbewusst getreu der vorgegebenen Maxime. Die Umsetzung führte jedoch nicht zu dem für den Gast wünschenswerten Ergebnis. Die Absicht des Wertes »Serviceorientierung« sollte darin bestehen, konkret jedem Gast individuelle Wünsche zu erfüllen, und weniger darin münden, Maßnahmen zu entwickeln, die vermeintlichen Bedürfnissen entsprechen.

Es ist bei einem Wert folglich nicht damit getan, ihn in den Code of Business Conduct aufzunehmen. Ebenso wichtig ist es, dafür zu sorgen, dass sich die gewünschten zielgerichteten Handlungen daraus ableiten. Es ist also eine Frage der Umsetzung, ob ein Wert von anderen in der gewünschten Weise wahrgenommen wird.

Für Sie als Führungskraft genügt es nicht, Werte aufzustellen, Sie sollten auch dafür sorgen, dass diese Werte verinnerlicht und in der gewünschten Absicht gelebt werden. Dazu müssen Werte sehr sorgfältig kommuniziert werden. Die Maßnahmen, die zu Umsetzung führen, sollten auf Nützlichkeit geprüft und regelmäßig ausgewertet werden. Als Instrumente hierfür eignen sich schriftliche Feedbacksysteme, in die der Betroffene seine Wünsche eintragen kann. Auch erfordert es Flexibilität, nicht stur an Maßnahmen festzuhalten, sondern sich auf die individuellen Bedürfnisse einzulassen. Es reicht nicht aus, einmal einen (Werte-)Rahmen abzustecken. Vielmehr geht es darum, werteorientierte Handlungen zu fördern. Beispielsweise gelingt das, indem Sie ausgewertete Kundenfeedbacks direkt an betroffene Mitarbeiter weiterleiten und anregen, über das Ergebnis nachzudenken. Folgende Fragen können Sie dabei stellen:

- Was war gut und warum?
- Welche Situationen hätte man in einer anderen Weise lösen können, damit der Wert auch beim Kunden als solcher ankommt?

Das bedeutet Mehraufwand, lohnt sich aber, weil es zu dauerhaften Veränderungen in der Herangehensweise führt und darüber hinaus Mitdenken und situationsspezifische Flexibilität fördert.

Ein weiterer wichtiger Punkt ist das Werteverständnis. Was für den einen ein Wert ist, muss für den anderen nicht zwangsläufig als solcher angesehen werden. Nehmen wir die Werte Freiheit und Flexibilität auf der einen Seite und Verlässlichkeit und Beständigkeit auf der anderen Seite. Ein Mensch, dessen oberste Werte Freiheit und Flexibilität sind, handelt anders als jemand, dem Verlässlichkeit und Beständigkeit die wichtigsten Werte sind. An dieser Stelle ist es bereits eine Frage der richtigen Personalauswahl, ob sich ein Mitarbeiter in die Unternehmenswerte einfügen kann.

Ein Wert ist per se weder gut noch schlecht. Grundsätzlich kann die Vielfalt an individuellen Werten bereichernd sein.

Als Führungskraft, die unterschiedliche Menschen in einem Team führt, sollten Sie darauf achten, dass Aufgaben und individuelle Werte der Mitarbeiter zusammenpassen.

> **Verstehen Sie die persönlichen Werte Ihrer Mitarbeiter als individuelle Stärken.**

So haben freiheitsliebende, flexible Mitarbeiter oftmals ein hohes kreatives Potential. Auch gelingt es ihnen mühelos, Veränderungen zu akzeptieren. Diese Stärke können Sie nutzen, indem Sie diese Personen beispielsweise in Veränderungsprozesse aktiv einbinden. Umgekehrt haben Personen mit den Werten Verlässlichkeit und Beständigkeit eine hohe Bewahrerfunktion. Sie sorgen dafür, dass Arbeitsprozesse nachhaltig sind, und legen Wert auf die Langlebigkeit von Investitionen. Mit großer Ausdauer können sie auch über Jahre Routineaufgaben mit Sorgfalt erledigen und tragen mit ihrer Verlässlichkeit zu einem vertrauensvollen Arbeitsklima bei.

Fazit
Es genügt nicht, einen Wert als eine Maxime auszurufen, ein Wert sollte auch zielgerichtete Handlungen nach sich ziehen. Mitarbeiter mit individuellen Werten sollten sowohl zum Unternehmen als auch zu den individuellen Arbeitsanforderungen passen. Umgekehrt sollten die Arbeitsaufgaben den individuellen Werten der Mitarbeiter entsprechen. Werte können als Stärken gesehen und als solche genutzt werden.

Der Philosoph und Soziologe Max Scheler stellte vor gut einhundert Jahren fest: Ob ein Wert tatsächlich gelebt wird, hängt von dem intentionalen Gefühl ab, das uns der Wert vermittelt. Das ist jener innere Impuls, der unsere Handlungen auslöst.

An diesem Impuls können wir gut prüfen, ob ein Wert für uns persönlich wirklich Bedeutung besitzt. Was löst beispielsweise der Wert **Nachhaltigkeit** in Ihnen aus? Dies ist ein Wert, der gegenwärtig in kaum einem Code of Business Conduct fehlen dürfte. Allerdings gibt es noch immer viele Menschen, die sich wenig darunter vorstellen können. Nachhaltigkeit bedeutet, dass Produkte langlebig, dass Maßnahmen tiefgreifend sein sollten. Eine Schulungsmaßnahme ist z. B. nur dann nachhaltig, wenn wirklich dauerhafte und lang anhaltende Veränderungen in die gewünschte Richtung aus ihr hervorgehen. Nachhaltigkeit bedeutet gleichermaßen auf Ressourcen zu achten und sich Gedanken zu machen, diese sparsam zu verwenden. Sie können sich selbstkritisch hinterfragen, inwieweit der Wert Nachhaltigkeit einen Einfluss auf Ihre persönliche Arbeit nimmt.

Ganz sicher dürfte es Werte geben, die innerhalb Ihrer Person auf eine hohe Resonanz treffen. Werte, die nahezu automatisch Ihre Handlungen steuern. Sie haben einen persönlichen Wertekompass. Dieser Wertekompass sollte Ihnen als Führungskraft bekannt sein.

Werte können z. B. sein:

Fairness, Gerechtigkeit, Verbindlichkeit, Zuverlässigkeit, Freiheit, Toleranz, Pünktlichkeit, Flexibilität, Offenheit, Disziplin, Professionalität, Chancengleichheit, Ordnung, Gewissenhaftigkeit, Nachhaltigkeit, Präzision, Ausdauer, Fleiß.

Werte sollten situationsübergreifend Gültigkeit besitzen. Nehmen wir **Verbindlichkeit**. Verbindlichkeit bedeutet, zu einmal gemachten Aussagen zu stehen. Wer Verbindlichkeit für sich als Wert akzeptiert, überlegt sich vorher, ob eine Zusage oder ein Versprechen einlösbar ist. Verbindlichkeit hat einen hohen Stellenwert bei Mitarbeitern. Erleben sie verbindliches Verhalten bei ihrem Vorgesetzten, fassen sie ihrerseits stärker Vertrauen. Umgekehrt können nicht eingehaltene Versprechen zu Vertrauensverlusten führen. Es kommt also nicht gut an, wenn Sie Versprechen machen und diese nicht einhalten. Sichern Sie z. B. Ihren Mitarbeitern jederzeit ein offenes Ohr zu, halten in der Realität jedoch ihre Bürotür fest verschlossen, ergibt sich daraus eine gelebte Inkonsequenz. Dies führt dazu, dass man Sie nicht ernst nimmt und Ihren Worten wenig Glauben schenkt.

Fazit

Ein Wert ist ein Maßstab, an dem sich Ihr Handeln orientieren sollte. Gewissermaßen ein Leuchtturmlicht. Ebenso sichtbar sollten Ihre Werte für andere sein. Im Idealfall würden Ihre Mitarbeiter oder Partner zu einer ähnlichen Antwort gelangen wie Sie selbst, wenn sie sagen sollten, welche fünf zentralen Werte sie bei Ihnen vermuten.

Selbstcheck

Sammeln Sie fünf Werte, die Sie als Führungskraft bereit sind vorzuleben. Überlegen Sie dabei gut, ob Sie jedem Wert unter allen Umständen treu bleiben können.

1...

2...

3...

4...

5...

(Falls Ihnen weniger Werte einfallen, macht das auch nichts. Wichtiger ist, dass diese Werte wirklich zu Ihnen gehören.)

Aufgabe

Schreiben Sie Handlungen auf, die sich als Konsequenz für Sie aus den genannten Werten ableiten:

Wert	Handlungen
Pünktlichkeit	Die Zeit des anderen respektieren
	Pünktlich zu Verabredungen erscheinen
	Zeitpuffer einbauen
	Vorbereitungen rechtzeitig treffen
	...

■ **Hinweis**

Ihre ganz persönlichen Werte sind Ihnen natürlich sehr wichtig. Allerdings sollten Sie darauf achten, dass Ihre Erwartungen an andere Menschen in dieser Hinsicht nicht zu hoch gesteckt sind. Möchten Sie Ihr Team davon überzeugen, Ihre Werte zu teilen, so sollten Sie mit Bedacht vorgehen. Verzichten Sie auf allzu forsche Forderungen. Zeigen Sie wünschenswerte Handlungen auf und unterstützen Sie Ihre Mitarbeiter bei der Umsetzung.

■ **Zusammenfassung**

Werte steuern unser Verhalten. Die Werte einer Führungskraft besitzen Vorbildfunktion. Machen Sie sich Ihre eigenen Werte bewusst und handeln Sie **getreu Ihren Werten! Gestalten Sie ein Umfeld, das werteorientiertes**

Handeln fördert, z. B. indem Sie selbst mit gutem Beispiel vorangehen. Das ist wichtig für gegenseitiges Vertrauen und ein positives Arbeitsklima. Sehen Sie die individuellen Werte Ihrer Mitarbeiter als Stärken an. Nutzen Sie diese Stärken zielgerichtet. Führen Sie regelmäßig Wertediskurse durch. Finden Sie heraus, welche Werte Ihren Mitarbeitern besonders wichtig sind. Reflektieren Sie die Ergebnisse wertegesteuerter Handlungen. Stimmen die Arbeitsergebnisse tatsächlich mit den vorgegebenen Werten überein? Korrigieren Sie ggf. Prozesse der Umsetzung von Werten.

2.2.2   Ziele

- **Überblick**

Jede Arbeit dient einem Ziel. So ist es z. B. das Ziel einer Flugzeugcrew, Sicherheit zu gewährleisten und dies den Gästen auch zu vermitteln. Es gibt viele kleine Schritte, mit denen der Einzelne seinen Beitrag leisten kann. Beispielsweise spielen Ansagen, also Informationen, eine wichtige Rolle. Die persönliche Begrüßung beim Einsteigen durch die Kabinencrew ebenfalls. Der erste Eindruck, ein gepflegtes Äußeres und gute Umgangsformen vermitteln Vertrauenswürdigkeit und Kompetenz. Eine aufmerksame Geste wirkt ebenfalls Wunder. Das Ziel, Sicherheit zu gewährleisten, setzt also über die fachliche Kompetenz hinaus voraus, sich auf den Gast und seine Bedürfnisse einzulassen. So sieht es professionelles Handeln vor. Man sollte wissen, was der Kunde erwartet, und diese Erwartungen erfüllen. Eine Führungskraft hat dabei eine große Vorbildfunktion. Es gibt nicht »die Führungskraft« und »die anderen«. Es gibt nur ein »Wir«. Wie schaffen wir es gemeinsam? Vor jedem professionellem Handeln sollte das gemeinsame Ziel stehen.

> Ziele sollten einfach, klar und konkret sein.

Einfach ist dabei im Sinne von verständlich, nachvollziehbar und realistisch gemeint, **klar** im Sinne von messbar und konsequent Handlungen einleitend und **konkret** insofern, dass innerhalb eines abgesteckten Zeitrahmens auf ein Ergebnis hingearbeitet wird (◘ Abb. 2.3).

Es ist weitaus besser, ein wirklich notwendiges Ziel zu formulieren, als sich hinter einem diffusen Zielknäuel zu verstecken. Mitunter kostet es Zeit, dieses eine Ziel herauszufinden. Aber es lohnt sich, weil **allein der Zielfindungsprozess zur Klärung und Vorbereitung beiträgt.** Ist es beispielsweise Ihr Ziel, die Kommunikation innerhalb Ihrer Abteilung zu verbessern, gibt es viele Maßnahmen, die potenziell dafür geeignet sind. Sie können Meetings einberufen, Feedback geben und fordern, Zettelkästen für anonyme Feedbacks aufstellen, Gesprächsinseln einrichten, verschie-

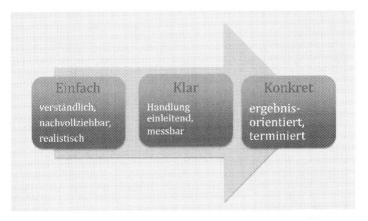

◻ **Abb. 2.3** Ziele

dene technische Tools nutzen. Allerdings ist es fraglich, ob diese Maßnahmen von Ihren Mitarbeitern angenommen werden und sich das Kommunikationsverhalten wirklich in die gewünschte Richtung verändert. Indem Sie allerdings gemeinsam nach Verbesserungsmöglichkeiten suchen, konkretisieren Sie das angestrebte Ziel. Sie werden herausfinden, was im Detail die Kommunikationsprozesse stört, welche Strukturen hinderlich sind und ob es möglicherweise etwas ganz anderes ist, das es zu stärken gilt – beispielsweise die Fairness untereinander oder das vorgelebte Führungsverhalten.

Beispiel

Finn ist Geschäftsführer eines neu gegründeten Startup-Unternehmens. Die Firma befindet sich noch im Aufbau und regelmäßig kommen neue Arbeitsplätze hinzu. So wurde beispielsweise für das Marketing eine eigene Abteilung geschaffen. Mitarbeiter, die für ihre Entscheidungen vorher das Okay von Finn einholen mussten, sollen sich fortan an die neue Marketingleiterin wenden. Allerdings kommen nach wie vor häufig Mitarbeiter auf Finn zu und wollen ihre Entscheidungen direkt mit ihm absprechen. Finn macht den Fehler, die Mitarbeiter nicht an die zuständige Marketingleiterin zu verweisen, und entscheidet selbst. Das führt dazu, dass aufgrund fehlender Abstimmung gehäuft Fehler auftreten. Finn hat das Gefühl, die Kommunikation in seinem Unternehmen läuft nicht rund. Dass sein eigenes Verhalten eine Ursache sein könnte, fällt ihm erst auf, als er die Situation gemeinsam mit der Marketingleiterin analysiert. Ihm wird klar: Die Strukturen, die er geschaffen hat, gelten auch für ihn. Mit dieser Einsicht verschwinden auch die vermeintlichen Kommunikationsprobleme.

Je mehr Leute zusammenarbeiten, umso größer ist die Vielfalt an Meinungen und Wünschen, persönlichen Vorlieben, auch egoistischen Bedürfnissen. **Einer guten Führungskraft gelingt es, ein Ziel als klare Botschaft zu vermitteln und es damit über alle persönliche Belange zu stellen.** Nur dann ist es möglich, dass wirklich alle am selben Strang ziehen. Wie das in der Praxis aussehen kann, können Sie in folgendem Beispiel sehen:

Beispiel

Thad Allen gilt in Amerika als Held. Eine Woche nachdem der Hurrikan Katrina über die Stadt New Orleans hinweggefegt war, wurde er zum Einsatzleiter berufen. Überall in der Stadt herrschte Chaos und was am meisten fehlte, war eine Strategie. Es hätte Tage gekostet, Regeln aufzustellen und Verantwortliche zu bestimmen. Da die Zeit drängte, entschied sich Thad Allen für etwas anderes: Er wollte so viele Helfer wie möglich in einem Raum versammeln. Als er etwa 2 000 Leute im Erdgeschoss eines Kaufhauses beisammen hatte, stellte er sich auf einen Tisch, nahm einen Lautsprecher und erzählte jedem, dass er nur eine einzige Anweisung geben würde. Die lautete:
»Behandelt jeden, dem ihr begegnet und der von der Katastrophe betroffen ist, so, als sei es euer Familienangehöriger, Mutter, Schwester, Bruder oder was immer. Wenn ihr das tut, hat das zwei Konsequenzen. Erstens: Solltet ihr einen Fehler machen, wird er höchstens darin bestehen, zu viel zu tun, und das ist in Ordnung. Zweitens: Wenn später irgendjemand ein Problem damit haben sollte, wie ihr vorgegangen seid, wird er eines mit mir haben.«
Als er das gesagt hatte, brach Jubel aus. Die Leute waren erleichtert, dass sie endlich einige einfache, zentrale Werte hatten, an denen sie ihr Handeln auf ein Ziel hin ausrichten konnten.

■ **Vermittlung von Unternehmenszielen**

Als Führungskraft sind Sie nicht nur Bestimmer von Zielen, sondern auch deren Vermittler.

Das geschieht z. B. dann, wenn Sie wiederum Zielvorgaben von Ihren Vorgesetzten erhalten. Sie haben dafür zu sorgen, dass diese Ziele mithilfe Ihrer Mitarbeiter erreicht werden.

Ein Teamleiter eines Pharmaunternehmens hat es als eine der größten Herausforderungen einer Führungskraft überhaupt beschrieben, Unternehmensziele an Mitarbeiter weiterzugeben. Im Folgenden ein Auszug aus dem Interview:

Auszug aus dem Interview
Was finden Sie besonders schwierig?
Die Strategie der Firma weiterzugeben, finde ich extrem schwierig.
Best in Class and beyond. Also die Besten sein in der Branche und
voraus. Schneller, agiler, besser sein als Mitbewerber. »Wir machen
doch schon gute Arbeit, wie sollen wir denn noch schneller?«, heißt es
dann bei meinen Mitarbeitern.
Und wie lösen Sie den Fall?
Indem ich erkläre, dass alle anderen in der Branche eben auch versuchen, schneller, agiler und besser zu sein, und wenn wir nicht mitzie-
hen, fallen wir raus. Dazu gehört auch eine Art Empathie, zu erkennen,
wie man eine Perspektive aufbauen kann. Das tue ich, indem ich z. B.
erkläre: »Das, was ihr macht, ist ganz wichtig, wenn ihr es nicht
machen würdet, können Patienten Schaden nehmen.«

> **Ein Ziel, das Sie gemeinsam mit Ihren Mitarbeitern erreichen
> möchten, sollte eine gewisse Attraktivität besitzen. Dazu ist es
> notwendig, ein Ziel so zu formulieren, dass es den Wunsch weckt,
> Kräfte in die gewünschte Richtung zu mobilisieren.**

Ein und dasselbe Ziel können Sie auf zwei verschiedene Arten formulieren.
Angenommen Sie haben das Problem, dass Mitarbeiter häufig fehlen.
Dann kann Ihr Ziel lauten, Fehlzeiten zu reduzieren. Oder es kann lauten,
die Anwesenheit zu erhöhen. Auf den ersten Blick mag das nach ein und
derselben Angelegenheit aussehen. Allerdings unterscheiden sich die Strategien, das jeweilige Ziel zu erreichen, deutlich. Im ersten Fall verengt sich
der Blickwinkel: Er wird auf die Fehlzeiten gelenkt. Irgendwie sollen die
verschwinden. Ihnen werden ein, zwei Dinge einfallen, um die Fehltage zu
minimieren. Sobald Ihnen das gelungen ist, haben Sie das Ziel erreicht. Das
ist allerdings eine kurzfristige Lösung. Es könnte sein, dass die Fehlzeiten
ein halbes Jahr später wieder ansteigen oder sich sogar drastisch erhöhen.
Zum Beispiel dann, wenn Sie Druck auf Ihre Mitarbeiter ausgeübt haben
und diese in der Folge anfälliger für körperliche Beschwerden werden.

Nehmen Sie dagegen zum Ausgangspunkt, die Anwesenheit zu erhöhen, weitet sich der Blickwinkel. Um anwesend zu sein, müssen Mitarbeiter
gesund sein und motiviert. Wie erreichen Sie Gesundheit? Wie erreichen
Sie Motivation? Das sind zwei Fragen, die Ausgangspunkt für eine Erarbei-
tung eines Aktionsplans sein können, in dessen Entstehung Sie Ihre Mitarbeiter aktiv einbinden können. Lassen Sie sich Vorschläge unterbreiten, wie
sich nach Meinung Ihrer Mitarbeiter Arbeitsbedingungen und Strukturen
diesbezüglich verbessern können. Die Ergebnisse werden andere sein als

◘ Tab. 2.2 Gegenüberstellung Ziele

Reduzierendes Ziel	Aktivierendes Ziel
Problemorientiert	Lösungsorientiert
Vermeidungsstrategien	Attraktive Strategien
Defizitorientiert	Ressourcenorientiert
Analyse im Kleinen	Kontextorientiert
Zustand	Entwicklung
Eine Möglichkeit; entweder oder	Mehrere Möglichkeiten, sowohl als auch

solche, die Sie mit der Frage »Wie können wir Fehlzeiten vermeiden?« finden werden. Das liegt u. a. daran, dass diese Frage eine Abwehrhaltung hervorruft, weil sie in gewissem Sinne impliziert, dass es an den Mitarbeitern liegt, auf weniger Fehltage zu achten. Möchten Sie diese Abwehrhaltung vermeiden, sollten Sie unbedingt darauf achten, dass Ihre Ziele positiv und aktivierend formuliert sind.

Ziele können auf zwei verschiedene Weisen formuliert werden (◘ Tab. 2.2):

Positiv, aktivierend	Etwas herstellen wollend, aktivierend (Wirtschaftlichkeit, Gesundheit, Kundenzufriedenheit)
Negativ, reduzierend	Etwas reduzieren wollend (z. B. Kosten, Fehlzeiten, schlechte Umsätze)

Aktivierende Ziele sind daran zu erkennen, dass sie einen positiven Zustand herstellen möchten, dass sie Ressourcen aktivieren, dass Strategien, das Ziel zu erreichen, attraktiv erscheinen und der Blickwinkel sich weitet. Die Möglichkeiten, das Ziel zu erreichen, sind vielfältig. Aktivierende Ziele fassen eine Entwicklung ins Auge. Sie stoßen einen Veränderungsprozess an.

Reduzierende Ziele haben einen negativen Zustand als Ausgangspunkt. Ziel ist die Beseitigung dieses negativ bewerteten Zustands. Die Strategien, die hierfür gewählt werden, sind Vermeidungs- oder Verhinderungsstrategien. Der Blick ist v. a. auf Defizite gerichtet. Die Analyse des Problems findet im unmittelbaren Umfeld statt, die Gesamtsituation bleibt dagegen ausgeblendet.

Beispiel: Kostensenkung vs. Wirtschaftlichkeit

Lautet das Ziel Kostensenkung (reduzierendes Ziel), ist etwas teurer, als es sein darf. Der Fokus richtet sich folglich darauf, wo finanzielle Mittel eingespart werden könnten. Ungeachtet der Auswirkungen, die es auf das erweiterte Umfeld hat, werden Kosten in einem ganz bestimmten Bereich reduziert. (z. B. Personalkosten) Die Folgen sind kaum abschätzbar, da das Ziel erreicht ist, wenn die Kosten wie geplant reduziert worden sind. Dabei spielt es keine Rolle, dass reduzierte Personalkosten Mehraufwand für den Einzelnen zur Folge haben können und Mitarbeiter möglicherweise weniger motiviert sind. Wichtiger erscheint die Erfüllung des (kurzfristigen) Ziels der Kostensenkung.

Lautet das Ziel hingegen Wirtschaftlichkeit (aktivierendes Ziel), so impliziert das unmittelbar eine erweiterte Suche nach Möglichkeiten, wirtschaftlicher zu sein. Eine Suche also, die sich über einzelne Kontexte hinaus erstreckt und das gesamte Unternehmen mit einbezieht. Beispiele sind, dass Produkte gezielt an Kundenbedürfnisse angepasst werden, neue Vertriebswege gefunden, Werbung gezielter platziert und Verfahren verbessert werden. Somit findet ein Prozess fortwährender Verbesserung statt. Besteht in diesem Zusammenhang die Notwendigkeit zur Kürzung von Personalkosten, so sollte die Maßnahme beinhalten, die Folgen einer solchen Kürzung zu kalkulieren und ggf. durch Gegenmaßnahmen zu minimieren. Erst dann besteht die Möglichkeit zu langfristiger Wirtschaftlichkeit.

- **Fazit**

Ziele sollten positiv-aktivierend formuliert sein. Ob sie dies sind, erkennt man daran, dass sie den Blickwinkel vergrößern, kontextübergreifende Möglichkeiten eröffnen, Ressourcen aktivieren, eine Entwicklung ermöglichen und nachhaltige Prozesse in die gewünschte Richtung anstoßen.

- **Wie Ziele Sinn stiften können**

Damit ein Ziel Sinn stiften kann, sollte es drei Komponenten enthalten:
- Was ist das konkrete Ziel?
- Welche Ressourcen und Mittel stehen zur Verfügung?
- Warum lohnen sich Anstrengungen und Engagement?

Es gibt Vorgesetzte, die beschränken sich darauf, den ersten Punkt zu vermitteln: Für sie ist die Sache erledigt, wenn sie ein Ziel formuliert haben. Allenfalls sorgen sie noch dafür, dass die Mittel hierfür bereitgestellt werden. Den dritten Punkt allerdings nehmen sie als gegeben hin: Sie setzen voraus, dass Mitarbeiter selbst den Sinn ihres Engagements erkennen. Dabei ist gerade der dritte Punkt von enormer Bedeutung. Nicht zuletzt, weil er Wertschätzung ausdrückt. Es gibt jedoch auch andere gute Gründe, darauf einzugehen. Sinnstiftende Ziele erhöhen das Engagement des Einzelnen, fördern die Loyalität gegenüber dem Vorgesetzten und führen, ganz nebenbei, zu körperlichem Wohlbefinden und Gesundheit.

■ **Zusammenfassung**

Ziele sind in der Lage, die Aufmerksamkeit aller Beteiligten zu bündeln und in eine bestimmte Richtung zu lenken. Ohne gemeinsame Ziele würde die Energie jedes Einzelnen in individuelle Ziele und Vorlieben fließen. Ziele sollten einfach, klar und konkret sein. Positiv formuliert aktivieren sie Ressourcen.

2.2.3 Relevanz

Man kennt das: eine Baustelle auf der Autobahn und kilometerlanger Stau. Man hört Radio, regt sich eine Weile über andere Autofahrer auf, die in Schlangenlinien in freie Lücke manövrieren, und hat ansonsten nicht viel zu tun, außer zu warten. Kommt dann endlich die Baustelle, drückt man mental schon wieder aufs Gas. Was die Menschen da rechts oder links am Straßenrand leisten, bemerken die wenigsten. Außer im Hochsommer, wenn der Asphalt flimmert, da keimt schon mal Mitleid auf. Dass die Arbeiter allerdings etwas schaffen, das die Mobilität vieler Menschen erhöht, fällt in dieser Situation kaum jemandem auf. Gleiches gilt für viele andere Tätigkeiten und Dienstleistungen. Im Allgemeinen fällt selten ein Wort über die Bedeutung einer geleisteten Arbeit. Dabei ist **jede Arbeit wertvoll. Sie als Vorgesetzter haben es in der Hand, ihre Mitarbeiter zu stärken, ihnen zu zeigen, dass Sie ihre Arbeit wertschätzen und für wichtig befinden.** Es ist selbstverständlich, dass Menschen bei entsprechender Würdigung der eigenen Arbeit größere Sorgfalt darauf verwenden. Eine spürbar höhere Motivation des Einzelnen liegt dort vor, wo eine Wertschätzung der eigenen Tätigkeit erlebt wird. Den interviewten Führungskräften gemeinsam war, dass sie alle auf die hohe Bedeutung von Lob als Motivator für Mitarbeiter hingewiesen haben. Besonders in schwierigen und herausfordernden Situationen wird die Wirkung von Lob als großer Motivator erlebt. Im Grunde ist Relevanz nämlich genau das, was ein gutes Lob ausdrücken sollte: Ich sehe, was du leistest, und finde es gut und wichtig.

> **Das Gefühl, etwas Besonderes zu leisten, wirkt als starker Antrieb. Mitarbeiter die sicher sind, im Einzelnen etwas bewegen zu können, nehmen Anstrengungen in Kauf, arbeiten selbstständiger und verantwortungsbewusster.**

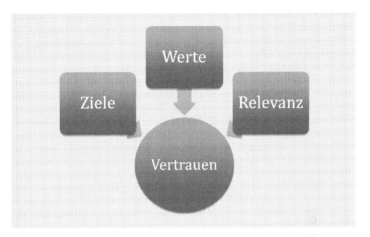

◘ Abb. 2.4 Vertrauen

So ist in kleinen Startup-Unternehmen, in denen die Mitarbeiter Erfolge und Misserfolge unmittelbar erleben können, das Engagement häufig um ein Vielfaches höher als in alteingesessenen, hierarchisch strukturierten Betrieben. Allerdings kann eine gute Führungskraft ihren Mitarbeitern unabhängig von der Größe des Unternehmens dieses Gefühl, etwas zu bewegen, vermitteln. Sagen Sie Ihren Mitarbeitern, was Sie an der Arbeit des Einzelnen wichtig finden, wo Sie den Nutzen sehen und warum Sie der Meinung sind, dass die Arbeit notwendig ist.

▪ Fazit
Die Vermittlung von Werten, Zielen und Relevanz führt zu Vertrauen und somit dazu, dass echte Führung überhaupt erst zustande kommt (◘ Abb. 2.4).

Vertrauen ist allerdings keine Einbahnstraße von Mitarbeiter zu Vorgesetzten. Auch ein Vorgesetzter muss zu den Fähigkeiten seiner Mitarbeiter Vertrauen fassen können. Ist einmal eine **gegenseitige Vertrauensbasis** gegeben, richtet sich der Fokus auf gemeinsames Handeln und die Erreichung gemeinsamer Ziele (◘ Abb. 2.5).

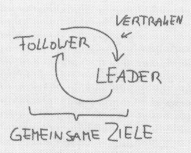

■ **Abb. 2.5** Vertrauen lenkt den Fokus auf ein gemeinsames Ziel

Hinweis

Ein Einwand von Seminarteilnehmern lautet: Wie sollen wir Werte, Ziele und Relevanz vermitteln, wenn wir von unseren eigenen Vorgesetzten so wenig davon vermittelt bekommen?

Das ist eine berechtigte Frage. Natürlich wünscht man sich als Führungskraft genau dasselbe zu bekommen, was man an seine Mitarbeiter weitergeben soll. Anstatt sich allerdings hinter dem Gegenteil zu verstecken und in den allgemeinen pessimistischen Kanon einzustimmen, kann man aktiv werden. Als erstes schlage ich meinen Seminarteilnehmern vor, Informationen einzuholen. Je besser sie über Geschäftsabläufe, Märkte, Konkurrenzsituationen und die Pläne der Geschäftsführung, darauf zu reagieren, Bescheid wissen, desto stärker wird ihre Einsicht in die Prozesse und Entscheidungen auf oberer Managementebene sein. Im Übrigen gibt es gerade im oberen Management viele Firmenlenker, die gerne Auskunft geben, sofern sie in angemessener Weise darum gebeten werden. Es nützt keinem etwas, wenn oben und unten getrennt voneinander arbeiten. Hinter jeder Position steht eine Perspektive, deren Austausch sich für beide Seiten lohnt.

Weiterhin sollten die Ziele des Unternehmens einfach, klar und konkret sein. Sind sie es nicht, können Sie auch hier Fragen stellen und die Bitte um größere Transparenz vorbringen. Auch hiervon können beide Seiten profitieren.

Das Unternehmen zu wechseln, sollte immer die letzte Möglichkeit sein. Aber auch die ist in Betracht zu ziehen, wenn Sie feststellen, dass Sie mit den Werten und Zielen nicht einverstanden sind. Das sind Sie sich schuldig, denn Ihre Arbeit hat Relevanz!

◘ Abb. 2.6 Transformative Führung

2.3 Transformative Führung

Führung, die auf Werten, gemeinsamen Zielen, Relevanz und gegenseitigem Vertrauen beruht, wird transformative Führung genannt (◘ Abb. 2.6). Transformativ bedeutet hier, dass Werte, Ziele, bestimmte Strategien und Denkweisen übernommen werden und dadurch ein Wandel im Bewusstsein der Mitarbeiter stattfindet. Mitarbeiter handeln dann im Sinne ihres Vorgesetzten, selbst wenn dieser gar nicht anwesend ist. Werte und Ziele genügen, um ein entsprechendes Verhalten auszulösen. Zur transformativen Führung gehören auch die Firmenkultur im Allgemeinen und die **Führungskultur** des Einzelnen im Besonderen. Es liegt in Ihrer Person als Führungskraft, eine Kultur zu etablieren. Sie entscheiden, ob es sich um eine Kultur von Machtausübung und Misstrauen handelt oder um eine wertschätzende Vertrauenskultur.

2.4 Strategische Führung

Sie haben über die transformative Führung hinaus jedoch noch ganz andere Möglichkeiten zu führen! Zum Beispiel indem Sie Rahmenbedingungen gestalten, also Ressourcen zur Verfügung stellen, Prozesse optimieren und situative Veränderungen herbeiführen. Diese Form der Führung nennt sich strategische Führung (◘ Abb. 2.7). **Strategische Führung lenkt das Augenmerk auf Prozesse, Rahmenbedingungen und Ressourcen.** Dabei geht es weniger darum, wie Sie sich als Führungskraft verhalten, sondern wie Sie die Arbeitsbedingungen gestalten und optimieren sollen. Ziel strategischer Führung ist es, Strukturen (um-)zu gestalten, Arbeitsprozesse und rei-

◗ **Abb. 2.7** Strategische Führung

bungslose Abläufe zu fördern. Das beinhaltet, dass Sie als Führungskraft Kenntnis von der äußeren, administrativen Struktur besitzen und diese nach Möglichkeit mitgestalten sollten, um die gewünschten Arbeitsergebnisse zu erreichen. Sie kennen die täglichen Hindernisse am Arbeitsplatz vermutlich aus eigener Erfahrung. Diese Hindernisse zu identifizieren und abzubauen, ist eine der Aufgaben der strategischen Führung. Weiterhin ist es die Aufgabe herauszufinden, welche Bedingungen unterstützende Wirkung haben können, und diese im Alltag zu etablieren.

Google-Gründer Larry Page erklärte in einem Interview: »Wir wollen die besten Talente weltweit, also müssen wir auch die besten Rahmenbedingungen bieten, in denen sie ihre Talente entfalten können.« Tatsächlich betreibt Google großen Aufwand bei der Gestaltung von Rahmenbedingungen rund um die Arbeit seiner Mitarbeiter. Davon verspricht sich der Konzern, dass Mitarbeiter motiviert, konzentriert und innovativ arbeiten. Störfaktoren wie lange Wege, überflüssige Hierarchien, langweilige Büroräume etc. wurden eliminiert und durch Annehmlichkeiten wie kostenlose Mahlzeiten und Getränke, Wäscheservice, flexible Arbeitszeiten und abwechslungsreiche Raumgestaltung abgelöst. Google hat den Ruf, die verrücktesten Arbeitsräume zu haben. So darf im Züricher Büro schon mal in einer Seilbahngondel gearbeitet werden (◗ Abb. 2.8).

Sicherlich braucht das Team eines Krankenhauses keine Bedingungen wie bei Google, doch auch hier gibt es erhebliche Möglichkeiten, Arbeitszufriedenheit und Leistung durch äußere Bedingungen zu steigern. Ansprechende Warteräume, Ruheräume für die Nachtwache, moderne Geräte im OP, standardisierte Abläufe und kurze Kommunikationswege gehören sicherlich dazu. Und es sind nicht nur die großen strategischen Schrit-

◘ **Abb. 2.8** Seilbahn im Google-Büro

te der Geschäftsleitung, die zu besseren Resultaten führen. Auch Sie persönlich als Führungskraft können strategisch handeln. So können Sie z. B. individualisiert auf die Bedürfnisse der einzelnen Berufsgruppen eingehen. Pfleger und Krankenschwestern haben andere Bedürfnisse als Ärzte, Außendienstmitarbeiter wiederum andere als Büroangestellte. Diese Bedürfnisse gilt es herauszufinden, sei es im persönlichen Gespräch oder in anonymisierten Fragebogenverfahren. Kleine Veränderungen haben oft große Wirkung!

> **Wie sähe Ihr persönlicher idealer Arbeitsplatz aus? Nehmen Sie sich etwas Zeit zu träumen. Egal an welchem Ort, mit welchen Leuten, zu welchen Bedingungen. Wie würden Sie am liebsten arbeiten?**

Genauso geht es Ihren Mitarbeitern. Auch Sie haben (oft sogar konkrete) Vorstellungen, unter welchen Bedingungen sie am liebsten arbeiten würden. Und gar nicht wenige ihrer Wünsche sind sogar erfüllbar, ohne zusätzliche Kosten zu verursachen. So wurde in der Forschungs- und Entwicklungsabteilung eines Elektronikherstellers bemängelt, dass zu wenig Konzentration auf die Arbeit möglich sei, da ständige Ablenkung durch Zurufe, Zwischenfragen und Spontanbesuche erfolgte. Nach gemeinsamer Absprache verordnete sich die Abteilung ein Schweigegelübde: Zwischen 9.30 Uhr und 12.00 Uhr verpflichteten sich Mitarbeiter, zielgerichteter zu kommunizieren und spontane Zurufe zu vermeiden (◘ Abb. 2.9).

Rahmenbedingungen für Mitarbeiter zu verbessern, wird sich unterm Strich auch für den Kunden auszahlen. Bei Google jedenfalls ist die Innovationskraft enorm. Das Züricher Team war u. a. an der Entwicklung von Google Maps, Youtube und Gmail beteiligt.

◘ Abb. 2.9 Stille am Arbeitsplatz

   In nachstehender Tabelle sind exemplarisch Möglichkeiten aufgelistet, die einen strategischen Eingriff zur Verbesserung der Arbeitsqualität darstellen. Dabei handelt es sich nur um einen Auszug, denn im Grunde gibt es unendlich viele Möglichkeiten, die in Betracht zu ziehen sind. Wenn erst einmal der Fokus auf die Arbeitssituation und eine stetige Verbesserung gerichtet ist, ergibt sich automatisch eine Vielzahl von Lösungen. Wichtig ist, auch den scheinbar geringfügigen Maßnahmen eine Chance zu geben. Oft sind es gerade diese, die zu einer Kultur der Verbesserung in stetigen Schritten beitragen.
   Strategische Möglichkeiten für besseres Arbeiten finden sich in ◘ Tab. 2.3 und ◘ Tab. 2.4.

2.5   Habituelle Führung

Eine weitere Ebene, auf der Führung stattfinden kann, ist die Verhaltensebene oder habituelle Ebene (i. S. von lat. Habitus – Verhalten, äußere Erscheinung, Gewohnheit; ◘ Abb. 2.10). Für Sie bedeutet das die Frage: **Durch welche konkreten Verhaltensweisen kann ich auf das Verhalten meiner Mitarbeiter einwirken?** Dabei geht es sowohl um das soziale Verhalten als auch um die Verbesserung manueller Fertigkeiten.
   Das ausgeübte Führungsverhalten wird auch Führungsstil genannt. Es gibt unterschiedliche Führungsstile, beispielsweise den autoritären oder im Gegensatz dazu den kooperativen, den autokratischen oder im Gegensatz

◻ Tab. 2.3 Methoden für besseres Arbeiten

Aufgaben- verteilung	Fokus auf die Stärken des Einzelnen
	Passung zwischen Stärken und Arbeitsaufgabe
	Optimales Setting zur Entfaltung von Stärken
Bespre- chungen	Regelmäßige Absprachen
	Besprechungen pünktlich beginnen und rechtzeitig beenden
	Gesprächsinseln für spontane Absprachen
Ziele	Transparenz von Zielen
	Visualisierung von Zielen
	Konkrete Ziele vereinbaren
	Zielvereinbarungen in Schriftform
	Standardprojektpläne
Verant- wortung	Verantwortlichkeiten übertragen
	Stellvertreterfunktionen vergeben
Arbeits- modali- täten	Sauberes Arbeitsumfeld
	Aufgeräumte Arbeitsplätze
	Ansprechende Arbeitsplatzgestaltung
	Störungen minimieren
	Konzentration fördern
	Flexible Arbeitszeiten
	Benutzerfreundliche Arbeitsgeräte
	Standardisierte Verfahren
	Bonusprogramme
	Netzwerkförderung
	Auslandseinsätze
	Positive Konfliktkultur
Wissens- manage- ment	Mitarbeiterschulungen
	Bereitstellung von Mentoren für neue Mitarbeiter
	Best-practice-Methoden

◘ Tab. 2.4 Gegenüberstellung transformative vs. strategische Führung

Transformative Führung	Strategische Führung
Werte	Rahmenbedingungen
Ziele	Prozesse
Relevanz	Verteilung von Ressourcen

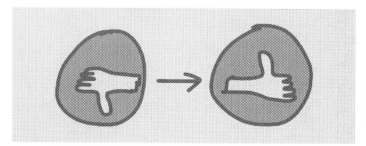

◘ Abb. 2.10 Habituelle Führung

dazu den demokratischen Führungsstil. Doch bevor Sie jetzt darüber nachdenken, welcher Führungsstil zu Ihnen passt, warten Sie einen Moment.

» **Den einen idealen Führungsstil gibt es nicht. Sowohl der Kompetenzgrad des Mitarbeiters selbst als auch die Situation entscheiden, welcher Führungsstil angemessen ist.**

Die Theorie der situativen Führung stammt von Paul Hersey und Ken Blanchard. Kernaussage dieser Theorie ist, dass Führung mehr oder weniger individualisiert stattfinden sollte. Das war insofern revolutionär, als der Fokus von der Führungsperson weg- und zum Mitarbeiter hingelenkt wurde. Bei der situativen Führung gilt es, drei wichtige Komponenten zu beachten.

▬ Beziehungsintensität (Notwendigkeit von emotionalem Beistand),
▬ Reifegrad (und Motivation) des Mitarbeiters sowie
▬ Schwierigkeitsgrad der Aufgaben.

Beispiel

Joe ist Werkstattleiter eines Zulieferers für Automobilteile. Er bekommt einen Auszubildenden in sein Team. Sofort weist Joe ihn einem vertrauenswürdigen Kollegen zu, von dem er weiß, dass er über gute Fachkenntnisse und pädagogische Fähigkeiten verfügt. Er delegiert also Verantwortlichkeit.

Der erfahrene Kollege hat schon mehrfach Auszubildende betreut. Er weiß, wie wichtig eine positive persönliche Beziehung ist, um möglichst angstfreies Lernen zu ermöglichen. Zunächst erklärt er alle Abläufe. Er gibt genaue Anweisungen und überwacht ausgeführte Handlungen. Bei schwierigen Aufgaben gibt er Hilfestellung, wohingegen er bei leichteren Aufgaben schon frühzeitig selbstständiges Arbeiten fördert. Basierend auf dem Kenntnisstand des Auszubildenden und dessen individueller Lernbereitschaft, stimmt er die Schwierigkeit der Aufgaben ab.

Als er bemerkt, dass der Auszubildende rasch lernt, beteiligt er ihn zunehmend an schwierigeren Aufgaben. Er begründet die notwendigen Arbeitsschritte logisch. Nach einer Weile lässt er den neuen Mitarbeiter an Entscheidungen teilhaben, also partizipieren. Nach erfolgreicher Beendigung der Ausbildung überträgt er Verantwortung für bestimmte Aufgaben – er delegiert.

Zusammengefasst ergeben sich folgende vier Führungsstile:

Anweisend: Der Vorgesetzte gibt dem Mitarbeiter konkrete Anweisungen und überwacht das Vorgehen und die Leistung. Dieser Führungsstil findet v. a. dort Anwendung, wo Kenntnisstand und Erfahrung der Mitarbeiter gering sind oder wo der Vorgesetzte seine Mitarbeiter als Untergebene sieht.

Argumentierend: Der Vorgesetzte trifft nach wie vor Entscheidungen, erläutert allerdings seine Herangehensweise und versucht seine Mitarbeiter von der Richtigkeit eigener Annahmen zu überzeugen.

Partizipierend: Der Mitarbeiter bekommt je nach Kompetenz Handlungsfreiheit und wird in Entscheidungen einbezogen. Dies setzt beim Mitarbeiter die notwendige Kompetenz voraus sowie aufseiten des Vorgesetzten die Fähigkeit, Vertrauen zu schenken.

Delegierend: Der Mitarbeiter handelt eigenständig und trägt die Verantwortung innerhalb seines Kompetenzbereichs. Der Vorgesetzte bestimmt Ziele und stellt Ressourcen zur Verfügung. Außerdem bewertet er die Leistung. Vor allem bei erfahrenen, selbstständig arbeitenden und vertrauensvollen Mitarbeitern ist dieser Führungsstil geeignet (◘ Abb. 2.11).

Der Erfolg des Modells des situativen Führens liegt darin begründet, dass das Augenmerk auf eine Entwicklung des Mitarbeiters gerichtet ist.

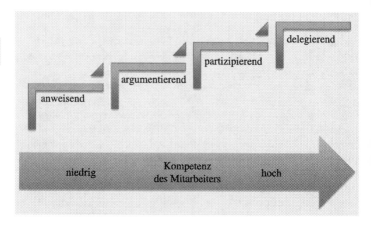

◼ Abb. 2.11 Führungsstil in Abhängigkeit von der Kompetenz des Mitarbeiters

Je nach Kenntnisstand und Selbstständigkeit können unterschiedliche Führungsstile angewandt werden. Durch ein flexibles Führungsverhalten werden Kompetenz und Leistungsvermögen der Mitarbeiter sukzessive aufgebaut.

Besonders im Hinblick auf die Motivation des einzelnen Mitarbeiters ist ein individuell angepasster Führungsstil von großem Wert, insofern als er Demotivation verhindert und ein Arbeiten ermöglicht, das den jeweiligen Kompetenzen und Motiven entspricht. In der Praxis sieht das so aus:

Leistungsmotivierter Mitarbeiter   Wie Sie bereits erfahren haben, erwarten leistungsmotivierte Menschen Herausforderungen und Handlungsspielräume. Ein Führungsstil, der sich auf Anweisungen und Kontrolle beschränkt, wird in diesem Fall als demotivierend wahrgenommen. Hier gilt es, einen partizipierenden bzw. delegierenden Führungsstil abzuwägen. Auf emotionaler Ebene ist Zuspruch nicht unbedingt notwendig. Dieser Mitarbeiter will in Ruhe seine Arbeit erledigen und nach deren Abschluss Anerkennung in Form eines leistungsbezogenen Feedbacks. Stellen Sie jedoch fest, dass ein erfahrener und kompetenter Mitarbeiter offensichtlich demotiviert ist, ist ein stärkerer emotionaler Beistand angezeigt. Hier gilt es im Gespräch herauszufinden, wo die Ursachen für die Demotivation liegen.

Berufseinsteiger   Haben Sie es dagegen mit einem Berufseinsteiger zu tun, so wäre dieser von einem partizipierenden, delegierenden Führungsstil

Mitarbeiter	Führungsstil	Emotionaler Zuspruch
Erfahren, kompetent, motiviert	Partizipierend, delegierend	Gering
Erfahren, kompetent, unmotiviert	Argumentierend, partizipierend	Mittel
Unerfahren, motiviert	Erklärend, argumentierend	Hoch
Unerfahren, unmotiviert	Anweisend, argumentierend	Mittel

◻ Tab. 2.5 Beispiele für situatives Führen

völlig überfordert. Erklären Sie ihm in Ruhe die Arbeitsschritte und Abläufe. Geben Sie hohen emotionalen Zuspruch. Zeigen Sie sich ansprechbar und interessiert an dem individuellen Fortschritt.

Demotivierter Mitarbeiter Ist ein Mitarbeiter nicht nur unerfahren, sondern auch noch demotiviert, müssen Sie auch hier aktiv im Gespräch herausfinden, wo die Ursachen liegen. Verzichten Sie jedoch auf übertriebene Aufmerksamkeit. Das würde das demotivierte Verhalten eher festigen. Argumentieren Sie wertschätzend, sachlich und konsequent. Verändern Sie ggf. Rahmenbedingungen, z. B. indem Sie dem Mitarbeiter eine andere Aufgabe zuweisen oder Arbeitsbedingungen verbessern.

Machtmotivierter Mitarbeiter Machtmotivierte Menschen wollen Einfluss nehmen und gestalten. Vorausgesetzt, sie haben ausreichend Kompetenz, ist auch hier der partizipierende, bzw. delegierende Führungsstil geeignet. Was schwerlich funktionieren dürfte, ist der anweisende Führungsstil. Damit würden Sie die totale Verweigerung hervorrufen. Versuchen Sie auch hier mit Argumenten zu überzeugen oder Rahmenbedingungen zu verändern (◻ Tab. 2.5).

▪ Zusammenfassung

Habituelle Führung findet auf der Verhaltensebene statt – durch das Verhalten des Vorgesetzten wird das Verhalten des Mitarbeiters gesteuert. Das gilt sowohl im sozialen Sinne als auch im Bereich manueller Fertigkeiten. Das Führungsverhalten kann sich als Vorbild zeigen oder in einem spezifischen Führungsstil äußern. Dabei sollte der Führungsstil individuell ab-

◘ Tab. 2.6 Gegenüberstellung Führungsebenen

Führungs-ebene	Transformativ	Strategisch	Habituell
Einfluss-nahme	Auf das Bewusst-sein des Mitarbei-ters einwirkend, Aufmerksamkeit lenkend, mental	Auf die Arbeits-situation einwir-kend, Gestaltung von Rahmen-bedingungen	Auf die Verhaltens-ebene einwirkend, das Verhaltens des Mitarbeiters steuernd
Führungs-tools	Werte	Rahmenbedin-gungen identifi-zieren und ver-bessern	Situativer Führungsstil
	Ziele	Prozesse optimie-ren	Vorbildverhalten
	Relevanz	Bereitstellung und Erschließung von Ressourcen; ver-besserte Organisa-tion von Arbeits-schritten und Abläufen	Training manueller Fertigkeiten, Schulung der gewünschten Verhaltensweise, Kompetenz-trainings
	Führungskultur bzw. Unterneh-menskultur		

gestimmt werden. Sowohl Kenntnisstand und Motivation des Mitarbeiters als auch die Aufgabenschwierigkeit und situative Gegebenheiten sind dabei zu berücksichtigen (◘ Tab. 2.6, ◘ Tab. 2.7).

2.6   Grenzen der Einflussnahme durch Führung

Führung heißt Einfluss zu nehmen. Sie haben verschiedene Möglichkeiten kennengelernt, Einfluss auf Ihre Mitarbeiter zu nehmen. Allerdings gibt es auch Grenzen dieser Einflussnahme. **Es wäre falsch verstandener Ehrgeiz, Mitarbeiter verändern zu wollen, damit Sie Ihre Ziele erreichen.** Es han-delt sich um erwachsene Menschen mit unterschiedlichen Persönlichkeits-strukturen. Das sollten Sie respektieren.

❏ Tab. 2.7 Transformative, strategische, habituelle Führung		
Transformative Führung	**Strategische Führung**	**Habituelle Führung**
Werte	Rahmenbedingungen	Führungsverhalten
Ziele	Prozesse	Situative Führung
Relevanz	Verteilung von Ressourcen	Training von Fertigkeiten

Beispiel

Um sich ein Bild davon zu machen, innerhalb welcher Grenzen Führung stattfinden darf, stellen Sie sich einen Eisberg vor. Von einem Eisberg ist nur die Spitze für die Außenwelt sichtbar. Bei einem Menschen wäre diese Spitze das sichtbare Verhalten. Wie Sie im Kapitel zur habituellen Führung erfahren haben, können Sie diese sichtbare Ebene des Verhaltens durch Führung beeinflussen. Durch die Wahl des passenden Führungsstils können Sie sowohl soziale als auch manuelle, aufgabenspezifische Verhaltensweisen steuern. Da das Verhalten in gewissem Umfang auch von der Situation beeinflusst wird, können Sie ebenfalls durch situative oder strategische Maßnahmen Veränderungen hervorrufen.

Bleiben wir beim Eisberg: Jener Bereich, der sich der nach außen sichtbaren Spitze anschließt, ist der Bereich unmittelbar unter der Wasseroberfläche. Durch einfallendes Licht sind bei näherer Betrachtung Konturen und Besonderheiten erkennbar. Auf den Menschen übertragen, bedeuten diese Konturen dessen innere Einstellungen, Haltungen, Überzeugungen, Motive und Antreiber. Sie bilden sozusagen das mentale Gerüst und nehmen Einfluss darauf, wie ein Mensch sich verhält. Als Führungsperson haben Sie auch hier Möglichkeiten der Einflussnahme, indem Sie eine Arbeitskultur schaffen, klare Ziele und gemeinsame Werte vorgeben. Es ist die Ebene der transformativen Führung. Ihre eigenen Einstellungen und Überzeugungen wirken sich auf jene Ihrer Mitarbeiter aus. Sie sollten sich im Klaren darüber sein, dass Sie eine Vorbildfunktion erfüllen. Ihre Art und Weise zu denken beeinflusst das Arbeitsklima innerhalb Ihres Teams. So macht es z. B. einen deutlichen Unterschied, ob eine Ihrer inneren Überzeugungen »schnell, schnell« oder »in der Ruhe liegt die Kraft« lautet. Während erstere Unruhe verbreitet, geht aus zweiter eine gewisse Stärke und Zuversicht hervor. Dies wird sich auf Ihre Mitarbeiter übertragen und ggf. können deren mentale Modelle in diese Richtung korrigiert werden.

▼

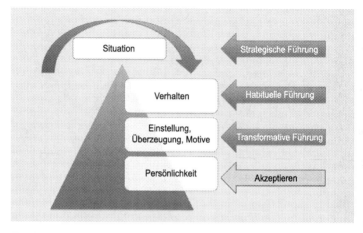

◘ Abb. 2.12 Möglichkeiten von Führung

Beim Eisberg ist der größte Teil für das Auge unsichtbar in der Tiefe verborgen. Dieser unsichtbare Bereich in der Tiefe auf den Menschen übertragen ist dessen Persönlichkeit.
Die Persönlichkeit Ihrer Mitarbeiter sollten Sie respektieren und unangetastet lassen. Allenfalls können Sie durch günstige Rahmenbedingung deren Entfaltung fördern. Dies erreichen Sie z. B., indem Sie für jeden Ihrer Mitarbeiter die richtige Aufgabe finden, im persönlichen Gespräch individuelle Stärken und Ziele herausfinden und im Arbeitsalltag Möglichkeiten schaffen, diese zu verfolgen.

Als Führungskraft können Sie
▬ auf der Verhaltensebene durch Ihren Führungsstil Einfluss nehmen,
▬ Einstellungen und Überzeugungen durch transformative Führung beeinflussen,
▬ Strukturen und Rahmenbedingungen der Arbeit durch strategische Maßnahmen gestalten.

Die Persönlichkeit eines Menschen sollten Sie akzeptieren und unangetastet lassen, bestenfalls können Sie indirekten Einfluss auf deren Entfaltung nehmen, z. B. indem Sie gute Arbeitsbedingungen schaffen (◘ Abb. 2.12).

2.7 Kommunikationsfähigkeit

- **Überblick**

Eine der wesentlichen Kernkompetenzen einer Führungskraft ist die Kommunikationsfähigkeit. In dieser Hinsicht wird Ihnen einiges abverlangt. Nicht nur, dass Sie es mit höchst unterschiedlichen Gesprächspartnern und Erwartungen zu tun haben, auch die Medien und Kommunikationsinstrumente wechseln permanent. Die Liste reicht von klassischen Absprachen, Zielvereinbarungsgesprächen, Feedback, Arbeitsanweisungen bis hin zu Gesprächen mit Kunden, Vorgesetzten, Mitbewerbern, Kollegen, Lieferanten. Sie ließe sich beliebig fortsetzen. Sie kommunizieren mündlich, schriftlich, telefonisch, per E-Mail, Video, per Rundschreiben, mit Handzeichen, manchmal auch nur mit einer hochgezogenen Augenbraue. In jedem Fall senden Sie eine Botschaft aus. Im Idealfall kommt diese Botschaft beim Gegenüber exakt in der beabsichtigen Art und Weise an. Sie können allerdings davon ausgehen, dass der Idealfall selten eintritt. Daher ist es sinnvoll, sich mit dem Thema Kommunikationsfähigkeit immer wieder auseinanderzusetzen, selbst wenn Sie der Meinung sind, nach dem dritten Seminar in dieser Richtung alles verstanden zu haben. Es gibt immer noch etwas zu entdecken, was die eigene Art und Weise zu kommunizieren angeht.

2.7.1 Richtig Fragen

Fragen ist der Weisheit Anfang. Die Kraft der guten Frage entdeckte vor zweitausend Jahren der griechische Philosoph Sokrates. Von ihm stammt sogar eine eigene Kommunikationsform: der Sokratische Dialog. In diesem Dialog geht es v. a. darum, das Gegenüber zur Einsicht zu bringen, indem man ihm die richtigen Fragen stellt. Was sind denn richtige Fragen, werden Sie sich jetzt fragen. Stellen Sie sich vor, zu Ihnen kommt ein Kollege mit einem persönlichen Problem. Er hat ein chronisch krankes Kind und weiß nicht, für welche Schulform er sich entscheiden soll. Wenn Sie ihn jetzt fragen, ob es gut oder schlecht ist, wenn er sich für eine bestimmte Schule entscheidet, wird er Ihnen eine relativ kurze Antwort geben. Gut oder schlecht wird er sagen, ja oder nein. Die Frage war eine geschlossene Frage, was bedeutet, dass die Antwort bereits enthalten war. Besser sind offene Fragen, da die Antwort darauf erst hergeleitet werden muss. Der Angesprochene wird also zum Nachdenken angeregt. Je besser die Frage, desto tiefer wird die darauf folgende Selbstreflektion. Sokrates hat seine Fragetechnik dergestalt perfektioniert, dass er allein durch Fragen so manche Erkenntnis und tiefe Einsicht bei seinem Gesprächspartner zutage gefördert hat. Jenen

◘ Abb. 2.13 Richtig fragen

Kollegen, der über die passende Schulform grübelt, hätte er vielleicht gefragt, was dem Kind denn helfen würde. Das klingt erst einmal sehr einfach. Tatsächlich lenkt es aber die Aufmerksamkeit auf das Kind selbst. Der Kollege hört in sich hinein und macht sich Gedanken. Wenn er sich im Klaren darüber ist, was das Kind braucht, fällt möglicherweise die Auswahl der richtigen Schule leichter. Alles in allem kann eine einfache, offene Frage dazu führen, dass eine neue Sicht auf einen Sachverhalt gewonnen wird.

Indem Sie es sich zur Angewohnheit werden lassen, Fragen zu stellen, fördern Sie automatisch das Mitdenken Ihrer Mitarbeiter. Es ist eine gute Möglichkeit, sie aktiv in den Prozess der Entscheidungsfindung einzubinden. Gerade in einem Stadium, in dem die Vorgehensweisen noch nicht festgelegt sind, sind offene Fragen wahre Motivationsbringer. Mitarbeiter, die an Entscheidungen beteiligt werden, arbeiten nämlich viel engagierter als solche, denen Entscheidungen einfach vorgesetzt werden (◘ Abb. 2.13).

Eine Führungskraft stellt Fragen, die auf ein Ziel hinlenken. Das Team entwickelt Lösungen, um dahin zu gelangen.

Nehmen wir einmal an, das Ziel der Unternehmensführung lautet »Verbesserung der Mitarbeiterzufriedenheit«. Nun müssen Sie als Führungskraft sich Gedanken machen, wie Sie in Ihrem Bereich einen Beitrag zu diesem Ziel leisten können. Vielleicht haben Sie schon eine ganz konkrete Idee. Würden Sie diese Idee Ihren Mitarbeitern einfach überstülpen, können Sie davon ausgehen, dass Ihr Vorschlag nicht jedem passt. Um sicherzugehen, sollten Sie Ihre Mitarbeiter einbinden und aktiv an der Lösung beteiligen. Dies erreichen Sie durch offene Fragen. Durch Fragen also, die sich weder mit Ja noch mit Nein beantworten lassen, sondern zum Nachdenken und Ausprobieren anregen. Auf diese Weise übertragen Sie Ihren Mitarbeitern Verantwortung – für die eigenen Bedürfnisse, aber auch für die Bedürfnisse der Kollegen. Auch wenn Sie die finale Entscheidung treffen, für Ihre Mitarbeiter ist sie auf diesem Weg leichter nachvollziehbar. Mit dem positiven Effekt, dass die Akzeptanz größer ist, da die Maßnahmen ja gemeinsam erarbeitet wurden.

2.7.2 Aktiv Zuhören

Mindestens ebenso wichtig wie die richtige Frage ist das richtige Zuhören. Wenn Sie während eines Gespräches in Gedanken schon die Antwort formulieren oder an das nächste Meeting denken, sind sie kein aktiver Zuhörer. Anders ist es, wenn Sie sich auf Ihren Gesprächspartner einlassen, ihn ausreden lassen, den Blickkontakt halten.

Wenn Sie dann noch in kurzen Sätzen wiedergeben können, was von seinem Anliegen bei Ihnen angekommen ist, dann sind Sie ein aufmerksamer Zuhörer. Gelingt es Ihnen überdies auf die Situation Bezug zu nehmen, dann sind Sie ein sehr guter aktiver Zuhörer. Besonders der Bezug auf die Situation, die sog. Metaebene, wird oft als sehr hilfreich erlebt.

Eine Person, die ein Problem hat, erlebt das Problem deutlich größer als Außenstehende. Sie identifiziert sich damit und verliert somit den günstigen Abstand. Diesen Abstand können Sie als aktiver Zuhörer herstellen, indem Sie darauf hinweisen, dass nicht die Person selbst, sondern auch die Situation an der Beschaffenheit des Problems beteiligt ist. Gemeinsam können Sie eine Art Helikopterflug über die Gesamtsituation hinweg antreten. Von selbst kommen die wenigsten darauf, Abstand herzustellen zwischen sich und ihren Problemen. Ein aktiver Zuhörer ist dazu besser in der Lage. **Aus der nötigen Distanz heraus lassen sich leichter Lösungsmöglichkeiten finden.**

> Es ist häufig der Fall, dass Vorgesetzte meinen, die Probleme anderer lösen zu müssen. Damit halsen sie sich nicht nur unnötig Arbeit auf, sie unterbinden auch wichtige Erkenntnisprozesse bei ihren Mitarbeitern.

Aktives Zuhören lässt sich mittels folgender Regeln zusammenfassen (◘ Abb. 2.14):

- Stellen Sie richtige Fragen (offene Fragen).
- Lassen Sie Ihr Gegenüber ausreden (mindestens 5–10 Sekunden schweigen). Meistens führt die Pause dazu, dass die Selbstreflexion des Gesprächspartners fortgesetzt wird.

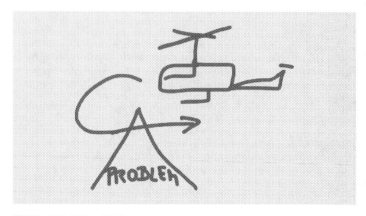

■ **Abb. 2.14** Aktives Zuhören

▨ Paraphrasieren Sie (d. h. fassen Sie kurz zusammen, was bei Ihnen angekommen ist, um sicherzustellen, dass Sie richtig verstanden haben).
▨ Spiegeln Sie (d. h. nehmen Sie auf Gesten und Mimik Bezug, spiegeln Sie Verhalten, indem Sie es ansprechen; das ist besonders dann wichtig, wenn Sie das Gefühl haben, dass Worte und Taten in einem gegensätzlichen Verhältnis stehen, beispielsweise wenn Ihnen jemand ein Einverständnis gibt, aber mit seiner Körpersprache Zögern ausdrückt; sprechen Sie diese Gesten an und fragen Sie ggf., was Ihr Gegenüber braucht, um größere Gewissheit zu erlangen).
▨ Nehmen Sie auf die Metaebene Bezug (gemeinsamer »Helikopterflug« um die Gesamtsituation herum).

Aktives Zuhören brauchen Sie immer dann, wenn Sie ein Bedürfnis erfahren wollen (Kundenwünsche), Informationen über jemanden einholen (bei einem Einstellungs- oder Mitarbeitergespräch) oder wenn jemand mit einem konkreten Anliegen zu Ihnen kommt und sich von Ihnen Hilfe erhofft. Ein wirklich gelungenes Beispiel für aktives Zuhören finden Sie übrigens im Film »Up in the air« an der Stelle, an der George Clooney den zweifelnden Bräutigam zur Einsicht bringt.

2.7.3   Informieren: die HUMOR-Methode

Es wird Situationen geben, in denen Sie angehalten sind, eine unangenehme Nachricht zu überbringen. Vielleicht deswegen, weil ein Auftrag nicht

◨ Tab. 2.8 HUMOR-Methode

Haltung	Prüfen Sie Ihre innere und äußere Haltung. Was denken Sie, wie fühlen Sie sich? Was wollen Sie mit dem Gespräch erreichen? Nehmen Sie einen sicheren, aufrechten Stand ein, wenden Sie sich Ihrem Gesprächspartner bewusst zu, atmen Sie aus und achten Sie auf Blickkontakt.
Umstände	Erläutern Sie die Fakten. Reden Sie jedoch nicht von »Problemen«, sondern achten Sie auf eine positive Wortwahl, z. B. »Unser Start verzögert sich aufgrund …«, »Wir werden unseren Flug fortsetzen, sobald …«, »Im Interesse Ihrer Sicherheit …«, »Die Lieferung erfolgt am …«, »Um höchste Qualität sicherzustellen …«, »Wir arbeiten derzeit mit Hochdruck daran, dass …«, »Wir werden alles in unserer Macht Stehende tun …«, »Verlassen Sie sich darauf, dass wir alle Möglichkeiten ausschöpfen …«.
Möglichkeiten	Wenn es mehrere Alternativen gibt, zählen Sie sie (kurz!) auf. Geben Sie Ihrem Gegenüber gerade so viele Informationen, dass Ihre Entscheidung nachvollziehbar ist. Begründen Sie Ihre Entscheidung auf der Basis Ihrer persönlichen Erfahrung und Ihrer Kompetenz.
Organisatorisches	Bestimmen Sie einen Zeitrahmen. Klären Sie Zuständigkeiten, Ansprechpartner und das weitere Vorgehen. Bieten Sie Ihre Unterstützung an.
Ruhe bewahren	Zeigen Sie Verständnis für emotionale Reaktionen. Bleiben Sie ruhig. Ihre Ruhe verschafft dem Gegenüber die Gewissheit, dass die Situation zu bewältigen ist.

rechtzeitig erfüllt wird, ein Vertrag nicht verlängert werden kann oder ein Antrag abgelehnt werden muss. In diesen Situationen entsteht leicht das Gefühl, dass man es besser machen könnte. Selten klatscht jemand Beifall. Und doch ist es möglich, dass die empathische und souveräne Weise, mit einem Problem umzugehen, das Vertrauen in Ihre Kompetenz stärkt. Dazu muss das Gegenüber mit ins Boot geholt werden. Geben Sie ihm Informationen und zeigen Sie Alternativen auf. Nennen Sie ggf. Ansprechpartner und sichern Sie weiterhin Ihr Engagement zu. In schwierigen Situationen entsteht oft das Bedürfnis nach einer Art Notfallplan oder einer Checkliste, nach der man handeln kann. Für Piloten der Condor Flugdienst GmbH habe ich für diese Fälle eine Methode entwickelt, die Sie gerne ausprobieren dürfen: ◨ Tab. 2.8.

2.7.4 Überzeugen

Für eine wirklich gute Führungskraft ist **Überzeugungskraft** unverzichtbar. Das fängt schon damit an, dass Sie im Einstellungsgespräch Ihren zukünftigen Chef überzeugen müssen, später dann Ihr Team, Ihre Kunden und – immer wieder sich selbst. Natürlich hat Überzeugen viel mit kompetenter Ausstrahlung, mit Souveränität, Gelassenheit etc. zu tun. Da wir uns im Kapitel Kommunikationsfähigkeit befinden, soll v. a. die Kunst des rhetorischen Überzeugens im Vordergrund stehen.

Im Rom der frühen Kaiserzeit wurde »Dialektik« als Schulfach eingeführt. Das führte zur Ausbildung und Anwendung bestimmter Regeln. Der wichtigste Regelkomplex wurde aus den Gesetzmäßigkeiten abgeleitet, mit denen der altgriechische Philosoph Platon seine Dialoge aufbaute. Noch heute dienen Sie professionellen Rednern als dialektische Grundlage. Was Sie sich von Platon abschauen können?

1. **Alterozentriert sein.** Das soll heißen: Sehen Sie von den eigenen Interessen und Erwartungen ab und lassen Sie **sich auf das Gegenüber ein**.
2. **Emotionalität ansprechen.** Rationale Argumente allein reichen nicht aus. Um zu überzeugen, sollten Sie Ihre Gesprächspartner emotional erreichen. Möglicherweise bestehen Ängste, Vorurteile oder Bedenken. Sprechen Sie diese offen an. Reden Sie über Aspekte, die den Einzelnen emotional abholen und berühren.
3. **Intention des Gegenübers beachten.** Welche Botschaft verbirgt sich hinter den Worten und Taten des Gegenübers? Was ist seine Strategie, sein Plan?

Alterozentriertheit

Sich auf jemanden einzulassen, bedeutet seine Perspektive zu verstehen. Wie schon beim Thema Feedback erkannt, hat jeder Mensch eine eigene Sichtweise auf die Dinge. Damit ein Politiker eine Gruppe von Menschen überzeugen kann, muss er sich auf sie einlassen, ihre Probleme verstehen, ihre Kultur kennen, ihre Beweggründe, ihre Hoffnungen. Genau daran scheitert es oft. Vor lauter Selbstdarstellung wird vergessen, einen persönlichen Bezug herzustellen und zu prüfen, ob die Argumente für die Zuhörer Bedeutung haben. Eindrucksvolle Redner reden wirklich für ihr Publikum, sie kennen die Lebensumstände und Erwartungen derer die zuhören und sind in der Lage, die eigenen Ziele im Sinne der Zuhörer durchzusetzen.

◉ Wenn Sie einen Menschen von Ihrer persönlichen Meinung überzeugen wollen, machen Sie nicht den Fehler, nach dem besten Argument zu suchen. Machen Sie sich erst ein paar Gedanken: Was bewegt diesen Menschen, warum sollte er ein offenes Ohr für Ihr Anliegen haben, was hat er davon, Ihre Sichtweise zu übernehmen? Dann
erst suchen Sie nach Argumenten.

Emotionalität

Gefühle können wie diese Spiegel auf Jahrmärkten sein, in denen sich die
Leute seltsam verzerrt wahrnehmen. Je stärker eine Emotion ausgeprägt ist,
desto verzerrter wird der Blick auf die Wirklichkeit. Argumente dagegen
sind umso einleuchtender, je einfacher, klarer und objektiver sie sind. Allerdings: Gegen ein starkes Gefühl hat das beste Argument kaum eine
Chance. Bestenfalls gelingt eine vorübergehende Besänftigung. Das Gefühl
wird sich jedoch sofort wieder ausbreiten, sobald die Wirkung erloschen
ist. Argumente sind wie Pillen – ihre Wirkung ist zeitlich begrenzt und es
besteht die Gefahr von Nebenwirkungen. Ein Gefühl wie Angst oder Wut
wird erst dann weniger stark empfunden, wenn auch körperlich eine spür-
bare Erleichterung eintritt.

Das erreichen Sie z. B., indem Sie in einem ersten Schritt **Emotionen
zulassen**: Sprechen Sie Emotionen gezielt an und räumen Sie ihnen Be-
rechtigung ein. Beispielsweise reagieren Mitarbeiter auf Veränderungen
häufig mit Unsicherheit. Bevor Sie ihnen Gründe erklären, warum sie nicht
unsicher zu sein brauchen, stimmen Sie lieber zu: »Wir Menschen lieben
in der Regel ja das, was wir haben. Völlig zurecht sind wir erst einmal skep-
tisch, wenn Dinge sich ändern. Es liegt in der Natur der Sache, in unge-
wohnten Situationen verunsichert zu sein. Aber schauen Sie doch einmal
zurück. Wie häufig haben Sie sich gegen eine Veränderung gewehrt, die
sich im Nachhinein als lohnenswert herausgestellt hat. …«

**Ein weiterer Schritt mit Emotionen umzugehen ist, sie herauszu-
stellen.** Also sie zu nehmen und aus einer gewissen Distanz heraus zu
betrachten. Am Beispiel der Angst sieht das folgendermaßen aus: Angst
ist eine »starke Emotion«, d. h. sie ist dominant und verbreitet sich rasch.
Typisch für Angstreaktionen ist ein sog. Tunnelblick, eine eingeschränkte
Wahrnehmung. Oft liegen Lösungen nahe, die allein aufgrund des Tun-
nelblicks nicht wahrgenommen werden. Sprechen Sie darüber. Versuchen
Sie den Wahrnehmungsradius zu vergrößern. Fokussieren Sie auf die Stärken und Ressourcen um Sie herum und ermutigen Sie Ihre Zuhörer, dasselbe zu tun.

**Eine dritte Möglichkeit ist, zu fragen, welches Bedürfnis hinter der
Emotion steckt.** Sehr oft ist es das Bedürfnis nach Sicherheit, Akzeptanz
und Gewissheit. Und genau das vermag ein guter Redner zu vermitteln.

Intention des Gegenüber

Eine Intention ist eine Handlungsabsicht, ein Plan, ein Vorhaben und kann als solches sehr stark sein. Die erste Herausforderung besteht darin, die Intention des Gegenübers zu erkennen. Welche Intention könnte beispielsweise ein Vertriebsmitarbeiter haben, der im vierten Quartal deutlich weniger Abschlüsse tätigt? Gründe hierfür kann es viele geben, der Markt kann übersättigt, die Kundennachfrage zurückgegangen sein. Allerdings kann es auch eine Möglichkeit geben, die weniger in den äußeren Umständen als in der Person des Vertriebsmitarbeiters selbst zu suchen ist. Die Intention des Mitarbeiters könnte eine Ursache sein. Und zwar dann, wenn er sein Jahressoll bereits im September erreicht hat. Moment mal, wird er sich denken, wenn ich jetzt deutlich über die Umsatzerwartungen hinausgehe, dann wird im nächsten Jahr ein ebenso hoher Umsatz von mir erwartet. Wozu künstlich die Erwartungen hochtreiben? Der Mitarbeiter befürchtet also Nachteile, die sich aus den Vertragsabschlüssen ergeben – und begibt sich in die Passivität. Die Passivität verschafft ihm den Vorteil, dass die Erwartungen an ihn für das nächste Jahr die gleichen bleiben werden wie bisher. Wie überzeugen Sie diesen Mitarbeiter, weitere Abschlüsse zu tätigen? Die Lösung lautet: **Nennen Sie ihm Vorteile.** Intentionen sind an einen bestimmten gedanklichen Rahmen gebunden. Diesen Rahmen müssen Sie erkennen, um ihn verändern zu können. Dem Vertriebsmitarbeiter geht es möglicherweise darum, den Aufwand für das nächste Jahr zu kalkulieren und sich nicht unter Druck zu setzen. Schaffen Sie Platz für einen neuen gedanklichen Rahmen. Sprechen Sie gemeinsam die geplanten Umsätze für das darauffolgende Jahr ab. Staffeln Sie die prozentuale Ergebnisbeteiligung. Stellen Sie einen Extrabonus in Aussicht für Umsätze, die über das Soll hinausgehen. Die Vorteile, die sich aus den über das Soll hinausgehenden Abschlüssen ergeben, sollten deutlich attraktiver sein als die persönlich empfundenen Nachteile. Erst dann verändert sich die Intention des Mitarbeiters in Richtung der gewünschten Aktivität.

2.7.5   Präsentieren

»Reden lernt man nur durch Reden.« In Anlehnung an dieses Zitat von Cicero, dem berühmtesten Redner der römischen Antike, gilt: **Präsentieren lernt man nur durch Präsentieren.**

Es gehört in Ihren Alltag als Führungskraft, einen Sachverhalt darzulegen oder vor einem größeren Publikum zu präsentieren. An Gelegenheiten mangelt es Ihnen also nicht. Es gibt Führungskräfte, die nutzen Ihren Einfluss, Präsentationen zu delegieren. Das ist sicherlich eine geschickte

Variante, einer unliebsamen Aufgabe auszuweichen. Auch ist es toll für denjenigen, der präsentieren darf. Es ist davon auszugehen, dass er zu den Besten gehört. Er wird seine Chance zu nutzen wissen. Vielleicht macht er es ja so gut, dass jemand aus dem höheren Management auf ihn aufmerksam wird. Na schön, wollen wir den Faden nicht weiterspinnen. Angst ist kein guter Motivator. Womit wir gleich beim Thema wären. Eine der wirklich unangenehmen Dinge am Präsentieren ist die Angst, es zu »vermasseln«. Auch hier gilt: Emotionen werden kleiner, indem Sie sie zulassen. Selbst Cicero hatte vor jeder Rede Lampenfieber: »Immer bin ich am Anfang einer Rede sehr ängstlich; jedes Mal wenn ich spreche, komme ich mir vor, als käme ich vor Gericht.« Seine Lehrer dagegen waren der Ansicht, dass der Redende gerade zu Beginn seiner Rede Zeichen der Unsicherheit und Nervosität geben sollte. Im Nachhinein ist das ein sehr guter strategischer Schachzug gewesen, denn indem sie sagten: »Sei nervös und unsicher«, wird er sich gefragt haben, warum soll ich? Es nützt ja niemandem etwas. Das ist ein sehr gutes Argument. **Um Aufregung zu minimieren, ist eine gute Vorbereitung notwendig.** Besonders wenn Sie sich mit dem Präsentieren auf Neuland begeben, brauchen Sie die gute Vorbereitung wirklich essenziell. Denn sie verhindert, dass Sie sich angreifbar machen, und gibt Ihnen den roten Faden vor, an dem Sie sich orientieren können. Orientierung ist gut, das gilt auch für Ihre Zuhörer. Sie werden Ihnen umso lieber folgen, wenn Sie eine klare Richtung vorgeben. Nichts ist schlimmer als eine überladene Power-Point-Präsentation und ein orientierungsloser Redner davor. Franz Joseph Strauß bemerkte treffend: »Man muss einfach reden und kompliziert denken, nicht umgekehrt.« **Gestalten Sie Ihre Präsentation so einfach wie möglich! Intellektuell anspruchsvoll und schlicht im Aufbau:**

- Achten Sie auf eine verständliche Wortwahl.
- Achten Sie auf den roten Faden.
- Vermeiden Sie ein Zuviel an Information.
- Stellen Sie Inhalte übersichtlich dar.

Sollten Sie noch nicht so geübt darin sein, Präsentationen zu erstellen, können Sie sich z. B. auf www.Slideshare.net umsehen und von anderen lernen. Lernen können Sie auch, indem Sie sich die Präsentationen von geübten Rednern ansehen. Vielleicht gibt es ja in Ihrem Arbeitsumfeld jemanden, der dafür bekannt ist, gute Vorträge zu halten. Setzen Sie sich doch einfach mal dazu und achten Sie bewusst darauf, wie die Aufmerksamkeit des Publikums gelenkt wird. Zum Beispiel geschieht dies dadurch, dass ein Thema klar, verständlich und visuell ansprechend dargestellt ist. Dass mithilfe von Bildern und Filmsequenzen ein Bezug zum persönlichen Erleben hergestellt wird. Dass Fragen gestellt und leicht nachvollziehbare

Lösungen dargestellt werden. Dass die Stimmführung des Redners akzentuiert, ruhig und deutlich ist.

Alles weitere ist eine Frage von Äußerlichkeiten: Machen Sie sich mit der Technik vertraut, schreiten Sie den Raum ab, nehmen Sie eine entspannte Körperhaltung ein, denken Sie an etwas Schönes, freuen Sie sich. Es ist nur eine Präsentation, Sie sind gut vorbereitet, vielleicht gehen Sie später ein Eis essen. Doch bevor es soweit ist, nehmen Sie Blickkontakt auf, nehmen Sie sich einen Augenblick Zeit, die Stimmung im Raum zu spüren. Vielleicht sind die Leute abgelenkt, weil etwas anderes ihre Aufmerksamkeit in Anspruch nimmt. Zeigen Sie in diesem Fall Verständnis und bitten Sie für den Moment Ihrer Präsentation um Aufmerksamkeit. Und dann legen Sie los. Viel Glück! Vielleicht wird ja jemand vom höheren Management auf Sie aufmerksam.

2.8   Konfliktmanagement

Das Leben ist voller Konflikte. Genau genommen geht jeder noch so geringen Entscheidung ein Konflikt voraus, ein innerer zumindest. Aber auch zwischenmenschlich stehen die Chancen für Konflikte gut. Sobald zwei unterschiedliche Perspektiven oder Interessen aufeinandertreffen, ist das Konfliktpotential auch schon da. Wenn man will, findet man den ganzen Tag Gelegenheiten, sich zu ärgern. Notfalls können wir mit relativ einfachen Mitteln einen Konflikt hervorzuzaubern: Regel Nummer eins: Sei unbeirrbar und unbelehrbar. Halte an deiner eigenen Sichtweise fest. Regel Nummer zwei: Stelle andere Leute in Frage. Kritisiere ihre Meinungen und Ansichten. Regel Nummer drei: Gib auf keinen Fall nach, wenn du im Recht bist, also immer. Regel Nummer vier: Mache ein ernstes Gesicht, achte auf eine primitive Wortwahl. Regel Nummer fünf: Suche dir Verstärkung.

Selbstredend ist diese Einleitung ironisch gemeint, wenngleich der eine oder andere Kollegen (oder Vorgesetzte) kennt, die diese Regeln auswendig zu kennen scheinen. Die Herausforderung besteht darin, mit ebendiesen Menschen vernünftig zusammenzuarbeiten.

Dieses Kapitel soll Ihnen vermitteln, dass Konflikte nicht nur allgegenwärtig sind, sondern auch positiv. Es geht nicht darum herauszufinden, wer im Recht ist, sondern wo Entwicklungschancen liegen und Potenziale, etwas besser zu machen als vorher. Also tragen Konflikte durchaus dazu bei, Standards und Lebensqualität zu verbessern. Dazu ist es notwendig, viele unterschiedliche Perspektiven einzuholen und miteinander abzugleichen, mit dem Ziel gute Lösungen zu entwickeln.

2.8.1 **Eine Frage der Perspektive**

Ein Konflikt zwischen zwei Parteien besteht i. Allg. dann, wenn Meinungen, Ansichten oder Interessen unvereinbar nebeneinander stehen. Die Konfliktpartner gehen in diesem Fall davon aus, dass sie selbst im Recht, der andere im Unrecht ist. Dass sie selbst eine »richtige«, die anderen eine »falsche« Sichtweise haben.

In der Wissenschaft spricht man bei einer allgemeingültigen »richtigen« Annahme von einem Paradigma, das so lange besteht, bis es falsifiziert, also widerlegt ist. Diese Widerlegung führt zu einem Paradigmenwechsel. Jene Annahme, die bislang als richtig gegolten hat, ist fortan falsch. In der Praxis gleicht das einem Wechsel der Unternehmensstrategie nach einer personellen Veränderung im Vorstand. Typischerweise führt ein Wechsel an der Führungsspitze dazu, dass alles ganz anders gemacht werden soll als bisher. Es soll »richtig« gemacht werden, was bisher »falsch« lief. Leider führt diese Sichtweise dazu, dass auch gut funktionierende Dinge nicht übernommen werden. Der Anspruch auf die absolute Wahrheit birgt folglich das Risiko verschenkter Ressourcen. Zudem sind mit dieser Wahrnehmung Konflikte nahezu vorprogrammiert. Ein asiatisches Sprichwort lautet sinngemäß: Du bist immer nur im Besitz der halben Wahrheit und solltest dich auf die Suche nach der anderen Hälfte machen. Was so viel bedeutet wie: Mache dich auf die Suche nach einer neuen Perspektive. Im Falle eines Wechsels der Unternehmensstrategie ist diese Perspektive die Sichtweise der Betroffenen, der Belegschaft also. Indem die Mitarbeiter eingebunden werden in Veränderungsprozesse, können frühzeitig potenzielle Konflikte erkannt und in Form von Kompromissen oder eines gemeinsamen Konsenses gelöst werden. Andernfalls droht spätestens nach dem dritten Wechsel der Unternehmensstrategie Widerstand und Passivität. Die Zeit bis zum nächsten Führungswechsel wird dann einfach »ausgesessen«. Jede noch so gut durchdachte Maßnahme läuft unter diesen Umständen Gefahr, nicht angenommen zu werden.

Die Perspektive des anderen zu kennen, ist folglich ein erster Schritt zur Konfliktlösung. Sie beinhaltet, dass der eigene Standpunkt hinterfragt und ggf. korrigiert werden muss. Manch einem fordert das einiges an Demut ab. »Es ist schwieriger, eine vorgefasste Meinung zu zertrümmern als ein Atom«, bemerkte Albert Einstein treffend. Und doch sollten wir mit unseren Meinungen und Ansichten so umgehen, dass wir sie jederzeit um eine neue Perspektive ergänzen können. Dies ist ein wichtiger Schritt in Richtung Konfliktlösung.

Beispiel

Wie wichtig dies ist, zeigt sich im Falle aporetischer Konflikte Dieser Sonder-
fall umfasst Konflikte, bei denen beide Konfliktparteien gleichermaßen im
Recht und obendrein voneinander abhängig sind. Diese Konfliktarten sind
auch im Berufsalltag häufig anzutreffen. Airlines stehen z. B. vor der Herausforderung Sicherheit und Wirtschaftlichkeit miteinander zu vereinbaren.
Die tägliche Entscheidung eines Kapitäns besteht darin, die richtige Kerosin-
menge zu bestimmen. Nimmt er einen zu großen Vorrat mit, gefährdet er die
Wirtschaftlichkeit des Unternehmens. Nimmt er zu wenig mit, gefährdet er
die Sicherheit. Ein Kompromiss, der sich irgendwo in der Mitte befindet, ist
eine häufige, aber nicht ideale Lösung. Ideal wäre, exakt jenen Punkt zu kennen, an dem ein Flugzeug wirtschaftlich und sicher fliegt. Aus diesem Grund
gibt es in vielen Airlines eigene Arbeitsgruppen, die sich mit genau jenem
Problem beschäftigen. Je besser die Versorgung des Kapitäns mit Informationen über das Streckennetz, mögliche Ausweichflughäfen, technische Besonderheiten und Wetterdaten ist, desto genauer kann er seine Entscheidung
treffen. Desto präziser kann der die Perspektiven Sicherheit und Wirtschaftlichkeit gegeneinander abwägen. Diese Kompetenz führt auf beiden Seiten
zu einem Gewinn und lenkt den Fokus weg von dem eigenen Standpunkt hin
zu einer gemeinsamen Ausrichtung auf ein gemeinsames Ziel: sichere und
wirtschaftliche Flugdurchführung.

2.8.2 Beurteilungsfehler

Bei einem Konflikt geht es allerdings nicht nur um unterschiedliche Perspektiven, sondern auch um die **Zuschreibung von Fehlern.** Und hier hat
die Psychologie eine wirklich spannende Regel parat: Die »Attributionsregel«. Der österreichische Psychologe Fritz Heider, der diese Regel ent-
deckt hat, fasste darin zusammen, wie wir Fehler, eigene und fremde,
beurteilen. Wir Menschen neigen dazu, dabei nach folgenden Mustern
vorzugehen:

- Wenn ein anderer einen Fehler macht, bescheinigen wir ihm Inkom-
  petenz.
- Wenn wir einen Fehler machen, suchen wir die Schuld bei den Um-
  ständen.
- Wenn ein anderer in einer Sache erfolgreich war, bescheinigen wir
  ihm Glück.
- Wenn wir in einer Sache erfolgreich waren, dann führen wir diesen
  Erfolg auf unsere Kompetenz zurück.

Sie können diese Attributionsregel mit zwei einfachen Fragen an sich selbst ausprobieren:

▬ Haben Sie häufiger die Beobachtung gemacht, dass Menschen untereinander respektlos sind?

▬ Sind Sie selbst häufiger respektlos gegenüber anderen?

Vermutlich haben Sie die erste Frage mit: »Ja, schon, hin und wieder«, beantwortet. Sie haben die Richtigkeit der Feststellung zumindest in Betracht gezogen. Anders bei der zweiten Frage. Die Antwort hierauf wird in den meisten Fällen energisch: »Nein«, lauten. **Im Zweifel unterstellen wir fehlerhaftes Verhalten lieber den anderen.** Paul Watzlawick brachte es auf den Punkt, indem er feststellte: »Fremde Fehler beurteilen wir als Staatsanwälte und eigene als Verteidiger«.

Dieses Verhalten nennt sich »selbstwertdienliche Attribution«. Es soll verhindern, dass wir uns schlecht fühlen. Dafür nehmen wir in Kauf, dass ein anderer sich schlecht fühlt. **Wenn ein anderer Mensch sich schlecht fühlt, weil z. B. seine Leistungen nicht angemessen anerkannt werden, sind Konflikte vorprogrammiert.**

Ein **Ausweg** ist, mehr **Fairness** bei der Beurteilung von Fehlern und von Leistungen walten zu lassen. Warum sollte ein anderer nicht ebenso kompetent sein können oder sogar noch kompetenter? Oder warum sollten wir nicht gestehen, dass auch wir mal einfach nur Glück hatten?

Es gibt auch Menschen, bei denen die Ursachenzuschreibung genau andersherum verläuft. Aus einem Mangel an Selbstvertrauen heraus, neigen sie dazu, die Leistungen anderer besser zu bewerten und Fehler auf sich zu nehmen.

>> **Falls Ihnen jemand in Ihrem Team auffällt, der zu übertriebener Bescheidenheit neigt, stärken Sie ihm besonders den Rücken.**

Nennen Sie gute Gründe, warum Sie einen Erfolg nicht auf »Glück gehabt« zurückführen, sondern auf Fachkenntnis und Kompetenz. Einen Mitarbeiter, dessen Selbstvertrauen Sie auf diese Weise aufgebaut haben, dürfen Sie langfristig zu den loyalsten Weggefährten zählen. Die Gelegenheit wird gewiss kommen, bei der er Ihnen danken kann und Ihnen den Rücken stärken wird.

◨ **Abb. 2.15** Destruktiver Konflikt

2.8.3 **Konflikte als Chance**

Konflikte sind grundsätzlich positiv – solange sie eine gewisse Form wahren und die richtigen Lösungsschritte einleiten. Nach einem gut gelösten Konflikt hat meistens eine Entwicklung stattgefunden. Wissen wurde dazugewonnen und fehlerbehaftete Strategien wurden durch bessere Alternativen ersetzt. Dass in der Folge eines Konfliktes eine wirkliche Entwicklung stattgefunden hat, merkt man daran, dass eine Rückkehr in den Ausgangszustand nicht mehr möglich ist oder zumindest abwegig erscheint. Es geht also nicht darum, Konflikte zu vermeiden, sondern sie auf eine sinnvolle Weise produktiv zu nutzen. In diesem Sinne spricht man von einem konstruktiven Konflikt (◨ Abb. 2.15, ◨ Abb. 2.16). **Merkmal eines konstruktiven Konflikts ist, dass er vernünftig ausgetragen wird, also fair und sachbezogen.**

Nun wissen Sie, dass Konflikte eine Frage der Perspektive darstellen und dass die Gefahr besteht, bei der Beurteilung von fremdem Verhalten und Leistungen einen anderen Maßstab anzulegen, als bei sich selbst.

Im Folgenden soll Ihr analytischer Blick auf Konflikte geschult werden.

◘ **Abb. 2.16** Konstruktiver Konflikt

2.8.4 Konfliktarten

Lesen Sie zunächst ein Beispiel:

Beispiel

Thomas hat sein Studium zum Betriebswirt vor fünf Jahren beendet. Im Anschluss daran hat er zwei Praktika absolviert, eines davon in der Buchhaltung eines größeren Unternehmens. Aufgrund von Sparmaßnahmen wurde er nicht, wie in Aussicht gestellt, übernommen. Thomas bewirbt sich in einigen anderen Unternehmen und wird schließlich zu einem Vorstellungsgespräch eingeladen. Sein zukünftiger Vorgesetzter bietet ihm eine Teamassistenzstelle an und zeigt sich zuversichtlich, dass Thomas in ein bis zwei Jahren ins Controlling wechseln kann. Thomas willigt ein. Mit seinem Vorgesetzten kommt er prima zurecht. Er erfährt viel Anerkennung und Wertschätzung, u. a. indem er eigene Projekte übertragen bekommt. Das und die Aussicht auf einen Job im Controlling geben ihm eine hohe Arbeitszufriedenheit. Das ändert sich schlagartig, als sein Vorgesetzter in eine andere Abteilung wechselt. Der Nachfolger hat einen autoritären Führungsstil und behandelt Thomas unumwunden als Teamassistenten. Er lässt ihn Kopien anfertigen, Konferenzräume herrichten und streicht das Budget für seine Projekte. Thomas ist völlig demotiviert. Er spricht sich mit Kollegen aus und gibt dem neuen Vorgesetzten ein Feedback, allerdings mit wenig Erfolg. Irgendwann schaltet er auf stur. Er macht Dienst nach Vorschrift und versucht dem Neuen mit kleinen Hinterhältigkeiten eins auszuwischen, z. B. indem er ihn auf Dienstreisen absichtlich

▼

in Hotels mit niedrigem Standard einbucht, unter dem Vorwand, dass die besseren ausgebucht waren. Der neue Vorgesetzte bemerkt sehr wohl das fehlende Commitment seiner Mitarbeiter und verschärft infolgedessen seinen Führungsstil. Als er von seinem Teamassistenten zum dritten Mal in Folge unter fadenscheinigen Ausreden in einem schlechten Hotel eingebucht worden ist, platzt ihm der Kragen. Er bescheinigt Thomas Inkompetenz und Böswilligkeit. Thomas bemerkt, wie ihm schwindelig wird. Er läuft raus und will frische Luft schnappen. Wenn er jetzt geht, braucht er gar nicht wiederzukommen, wird ihm noch hinterhergerufen. Er sieht die Kollegen tuscheln …

Würden wir die Kollegen von Thomas fragen, was denn passiert sei, käme zur Antwort, dass Thomas einen Konflikt mit seinem Vorgesetzten habe. Oder sein Vorgesetzter einen mit ihm. Auf jeden Fall sieht es in erster Linie nach einem zwischenmenschlichen Konflikt aus. Typisch für zwischenmenschliche, auch **interpersonelle Konflikte** ist, dass zwei gegensätzliche Ansichten unvereinbar sind. Offensichtliche Auslöser für diesen Konflikt waren die Falschbuchungen der Hotels. Objektiv hat Thomas falsch gehandelt und wird dafür zur Rechenschaft gezogen. Dem interpersonellen Konflikt voraus ging allerdings ein **intrapersoneller Konflikt**. Das ist ein Konflikt den jemand mit sich selbst hat. Sowohl Thomas als auch der neue Vorgesetzte haben diesen inneren Konflikt. Thomas möchte endlich einen Job machen, der seinen Qualifikationen entspricht. Seine Hoffnungen auf einen Aufstieg wurden durch den Führungswechsel abrupt begraben. Die strukturellen Veränderungen sind Ursache für eine Sinnkrise von Thomas. Er fragt sich, wofür er das Studium und die Praktika auf sich genommen hat. Er möchte endlich zeigen, dass er mehr kann, als Dienstreisen für seine Kollegen zu organisieren. Der neue Vorgesetzte spürt, dass ihm Thomas Ablehnung entgegenbringt. Das verunsichert ihn, er nimmt es persönlich. In der Vergangenheit hat er bereits ähnliche Erfahrungen mit Mitarbeitern gemacht und darum für sich den Schluss gezogen, radikal zu führen, also keine Verstöße zu dulden, auf strikte Einhaltung von Anweisungen zu achten und konsequent Grenzen zu setzen. Wenn Thomas seine Aufgaben als Teamassistent nicht erfüllen kann, soll er sich eben einen neuen Job suchen.

Interessant an diesem Konflikt ist, dass es unter anderen Umständen vielleicht gar nicht zu einer Eskalation gekommen wäre. Und genau diese Umstände wollen wir jetzt etwas genauer unter die Lupe nehmen.

Wären sich Thomas und der neue Vorgesetzte auf Anhieb sympathisch gewesen, hätten sie wahrscheinlich von Anfang an offener miteinander kommuniziert. Auch ist es Aufgabe des Vorgesetzten, sich über seine Mitarbeiter zu informieren. In einem frühzeitigen persönlichen Zielgespräch hätte das Thema Beförderung angesprochen werden können. Umgekehrt hätte Thomas um ein Feedbackgespräch bitten sollen. Dass er es nicht getan hat, mag allerdings daran gelegen haben, dass er dem neuen Vorgesetzten nicht genügend Vertrauen entgegenbringt. Eine weitere Tatsache, die einen Konflikt begünstigt, ist die, dass es für das mündliche Versprechen auf einen Job im Controlling keine schriftliche Zusage gab. Dies und die strukturellen Veränderungen, der Führungswechsel, sind Ausgangspunkt für eine Kette von Missverständnissen und fehlgeleiteten persönlichen Konsequenzen, die schließlich in einen interpersonellen Konflikt münden.

Bevor es zum Ausbruch dieses interpersonellen Konfliktes kam, bestand ein **struktureller Konflikt**.

Strukturelle Konflikte sind Konflikte, die aufgrund von Rahmenbedingungen, ungleich verteilten Ressourcen und fehlgesteuerten Prozessen bestehen.

In genanntem Beispiel treten folgende Ursachen auf:

Problem Nummer eins: Thomas macht den falschen Job. Das wissen jedoch nur zwei Leute, er selbst und sein ehemaliger Vorgesetzter, da es sich um eine mündliche Absprache handelte, für die keine Schriftform vorliegt.

Problem Nummer zwei: Dem neuen Vorgesetzten fehlen Informationen, also Hintergründe für Thomas' Handeln. Diese Informationen hätte er sich beschaffen müssen. Unter besserer Kenntnis der Rahmenbedingungen hätte er womöglich anders auf Thomas reagiert. Eventuell hätte er ihm Fragen gestellt, aus denen sich eine zufriedenstellende Lösung für beide Seiten erarbeiten ließe. Etwa indem Thomas seine eigenen Projekte fortführen dürfte.

Diese Geschichte ist typisch für einen Konflikthergang. Im Allgemeinen wird ein Konflikt erst als solcher erkannt, nachdem es zu einer Eskalation gekommen ist. Zu einem Zeitpunkt also, wo er sich auf der zwischenmenschlichen Ebene befindet. Strukturen und Rahmenbedingungen als Ursache werden entweder zu spät oder gar nicht in Betracht gezogen.

> ⟫ Unter einem Konflikt wird allgemein eine zwischenmenschliche Auseinandersetzung verstanden. Meistens ist der Konflikt jedoch lang vor dieser Auseinandersetzung bereits vorhanden.

Sehr oft sind es Rahmenbedingungen oder Ereignisse, die zu einem inneren, also intrapersonellen Konflikt führen, der so lange vor sich hin brodelt, bis schließlich im rechten Moment eine geeignete Person auftaucht, auf die der innere Konflikt übertragen werden kann. Strukturelle Ereignisse und darauffolgende persönliche Krisen sind folglich Ausgangspunkt für viele zwischenmenschliche Konflikte.

> ⟫ Die Bewertung von Rahmenbedingungen ist eine höchst individuelle Angelegenheit. Wo manch einer kein Problem sieht, entsteht bei jemand anderem vielleicht ein innerer Konflikt.

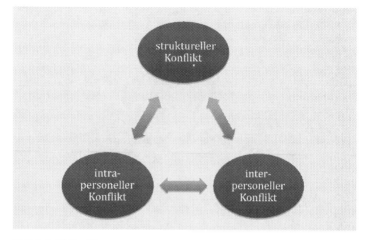

⬛ **Abb. 2.17** Konfliktarten

Wenn keine Möglichkeit zur Aussprache besteht, beginnt der innere Konflikt zu keimen. Der beste Nährboden ist Misstrauen. Wo sich niemand findet, dem man sich anvertrauen kann, muss ein Konflikt her, um den angestauten Ärger loszuwerden. Oder aber der Ärger richtet sich nach innen und richtet dort Schaden an, indem die Person resigniert und die Arbeit darunter leidet.

▪ **Fazit**
Konflikte können auf drei Ebenen bestehen. Auch wenn es vordergründig nach einem zwischenmenschlichen Konflikt aussieht, kann sich dahinter ein innerer Konflikt oder ein struktureller Konflikt verbergen (⬛ Abb. 2.17).

2.8.5 Konfliktlösung

Als Führungskraft werden Sie vermutlich häufig in Konfliktfällen zu Rate gezogen oder sind selbst darin verwickelt. Bevor Sie sich vorschnell eine Meinung bilden, sollten Sie es sich zur Angewohnheit werden lassen, Rahmenbedingungen zu prüfen.

> In vielen Fällen liegt ein struktureller Konflikt vor und dann wirkt eine strategische Maßnahme Wunder! Also eine Maßnahme, die auf Veränderungen der Rahmenbedingungen abzielt.

Tatsache ist, dass unter guten Rahmenbedingungen deutlich weniger Konflikte auftreten. Zu guten Rahmenbedingungen gehören u. a. eine wertschätzende Arbeitsatmosphäre, eine gute Feedbackkultur, Offenheit im Umgang miteinander und gegenseitige Toleranz sowie eine klare Verteilung von Aufgaben und Kompetenzen. Ein typischer struktureller Konflikt im Arbeitsumfeld ist der sog. **Rollenkonflikt**.

Unklarheiten über Kompetenzbereiche Ein Rollenkonflikt kann auftreten, wenn Rollen nicht eindeutig festgelegt sind und Unklarheiten über Kompetenzbereiche bestehen: Sie sind Vorgesetzter, vielleicht waren Sie vorher Kollege. Indem Sie weiterhin so tun, als wären Sie ausschließlich Kollege, Sie Ihre Führungsrolle also innerlich gar nicht richtig annehmen, beschwören Sie Konflikte innerhalb Ihres Teams herauf. Erstens, weil dort, wo ein Machtvakuum besteht, automatisch ein anderer in Führung geht. Und zweitens, weil Gefahr besteht, dass sich aufgrund fehlender klarer Zielvorgaben jeder eigenen Interessen zuwendet. Erst wenn eindeutig geregelt ist, wer die Führung innerhalb des Teams innehat, ist dieser Rollenkonflikt behoben.

Verteilungskonflikt Eine weitere Konfliktfalle ist die Verteilung von Ressourcen. Dann ist die Rede von sog. Verteilungskonflikten. Hier ist es von Bedeutung, ein großes gemeinsames Ziel voranzustellen und die Ressourcen, die zu diesem Ziel hinführen, im Konsens aufzuteilen. Es wäre z. B. kontraproduktiv, wenn Montageteams eines Automobilherstellers gegeneinander arbeiten. Gemeinsames Ziel ist das fertige Produkt, das Auto. Es ist dann Verhandlungssache, wie sich die Arbeit in den einzelnen Teams verbessern lässt und welche Ressourcen hierfür bereitgestellt werden. Eine Ressource, um die es die häufigsten Konflikte überhaupt gibt, ist Geld. Das ist besonders dann eine brisante Angelegenheit, wenn innerhalb eines Teams große Gehaltsunterschiede herrschen. Je nach Verhalten des Vielverdieners steigt die Gefahr für Konflikte. Arroganz und Zur-Schau-Stellen von Statussymbolen eines Einzelnen dürften schwerlich zum Frieden innerhalb der Gruppe beitragen. Wer viel verdient, soll auch viel leisten, lautet der allgemeine Kanon. Kompetenz und Einsatzbereitschaft sind somit als echte Präventivmaßnahmen anzusehen. Dazu gehört auch ein kooperatives Verhalten gegenüber anderen Gruppenmitgliedern, von denen ebenfalls hohe Leistungsbereitschaft erwartet wird. Manchmal sind es auch Kleinigkeiten wie eine spendierte Kaffeerunde, die ein Signal setzen. Es geht darum, sich der Verantwortung bewusst zu sein, die man für das Klima im Team trägt. Unter einer wertschätzenden Arbeitsatmosphäre treten erwiesenermaßen viel seltener Konflikte auf.

> **Der größte Fehler, der Ihnen beim Thema Konflikte unterlaufen kann, ist der, Konflikte zu unterschätzen und ihnen aus dem Weg zu gehen.**

Konflikte haben die Eigenschaft, eine gewisse Dynamik zu entwickeln. Kümmern Sie sich also rechtzeitig darum, sobald Sie davon Kenntnis bekommen. Sie werden aus den unterschiedlichsten Quellen von einem Konflikt erfahren. Einen Konflikt, den eine Person mit sich selbst hat, wird Sie Ihnen mit etwas Glück anvertrauen. Allerdings kann es auch passieren, dass ein individueller Konflikt zu einer zwischenmenschlichen Angelegenheit wird oder dass situative Ursachen, wie z. B. ein schlechter Führungsstil, dafür verantwortlich gemacht werden. Je nachdem, auf welcher Ebene sich ein Konflikt befindet, haben Sie unterschiedliche Lösungsmöglichkeiten (◘ Tab. 2.9):

Intrapersoneller Konflikt Ein intrapersoneller Konflikt zeichnet sich dadurch aus, dass die Person selbst in ihrer Sicht auf die konfliktauslösenden Dinge gefangen ist. Was fehlt, ist eine Perspektive oder eine neue Sichtweise. Diese kann beispielsweise durch Informationen erlangt werden. Je mehr Wissen und Informationen zur Verfügung stehen, desto besser wird die Sicht auf die konfliktauslösenden Dinge und deren Lösung. Werden Sie von einem Menschen mit einem intrapersonellen Konflikt um Hilfe gebeten, bietet sich aktives Zuhören als ideale Methode an (▶ Abschn. 2.7). Damit regen Sie an, dass der Konfliktträger sich selbst und seine Situation reflektiert und verbalisiert. Denken Sie an den Helikopterflug, verhelfen Sie dem Betreffenden zu einem Überblick über die konfliktauslösende Situation. Aus der Distanz betrachtet erscheinen Dinge oft klarer. Unterstützen Sie den Ratsuchenden, Lösungen aus sich selbst heraus zu finden.

Interpersoneller Konflikt Ein interpersoneller Konflikt besteht zwischen mindestens zwei Parteien. Die naheliegende Lösung lautet Feedback. Und zwar ein Feedback, bei dem es ausschließlich darum geht, die unterschiedlichen Sichtweisen darzulegen und Lösungsvorschläge bzw. Wünsche aus der jeweiligen Perspektive zu formulieren. Zuweilen ist das Hinzuziehen eines Dritten der richtige Weg, dann nämlich, wenn der Konflikt zu weit fortgeschritten ist und die persönliche Ebene erreicht hat. Dann bedarf es einer Strukturierung der Argumente und eines zielführenden Dialoges, wie es beispielsweise bei einer Mediation der Fall ist. Sollten Sie selbst in die Lage kommen, einen Konflikt zu moderieren, dann halten Sie sich unbedingt an die wichtigste Regel: Bleiben Sie neutral. Lassen Sie sich von keiner der Konfliktparteien auf eine Seite ziehen. Sondern sammeln Sie Argumente, hören Sie zu, fördern Sie den Dialog und nutzen Sie Ihre neutrale Stel-

◘ Tab. 2.9 Konfliktlösung

Konfliktart	Intrapersonell	Interpersonell	Strukturell
Beispiele	Entscheidungs-konflikte	Beurteilungs-konflikte	Verteilungs-konflikte
	Motivkonflikte	Interessenkonflikte	Zielkonflikte
	Sinnkrisen	Beziehungs-konflikte	Interessenkonflikte
			Rollenkonflikte
Lösung durch	Aktives Zuhören, Selbstreflexion	Feedback, Mediation	Strategische Maßnahmen

lung, den Konflikt auf struktureller Ebene zu beheben. Streiten sich beispielsweise zwei Mitarbeiter und gehen dabei zu emotional zur Sache, dann stoppen Sie gegenseitige Anfeindungen und suchen Sie nach der Lösung mit dem maximalen Konsens.

Struktureller Konflik Ein struktureller Konflikt hat seine Ursachen in Rahmenbedingungen. Somit kann eine Konfliktlösung nur dann stattfinden, wenn sich Rahmenbedingungen ändern, also strategische Maßnahmen stattfinden – wenn die Verteilung von Ressourcen geregelt ist, Rollen klar verteilt sind, Arbeitsbedingungen auf die Leistungserwartung abgestimmt sind und Mitarbeiter ihren Stärken entsprechende Einsatzmöglichkeiten bekommen.

■ Fazit

Die Fähigkeit, Dinge zu abstrahieren, gehört zu den Qualitäten, die eine gute Führungskraft auszeichnen. Ein sachlicher Blick auf die Gesamtsituation ist unabdingbar, um rasch und effektiv Lösungen zu finden. Vor allen Dingen schauen Sie darauf, ob Konflikte eventuell bestehen, weil Grundbedürfnisse nicht erfüllt sind. Überanstrengung, Stress, ein Mangel an Anerkennung und zu wenig Entwicklungsperspektive sind konfliktauslösende Faktoren. Beseitigen Sie situative Auslöser für Konflikte und stärken Sie Ihren Mitarbeitern den Rücken, indem Sie hinter ihnen stehen und selbst ein gutes Vorbild abgeben. Reichen Sie denjenigen die Hand, die in der Jammerfalle stecken, und geben Sie ihnen Chancen zur Einflussnahme und selbstbestimmtem Arbeiten. Darüber hinaus gibt es **zwei magische Tools, die in nahezu jeder Situation helfen: Danke sagen und loben.**

2.9   Entscheidungen treffen

■ **Überblick**

Neben Kommunikations- und Konfliktlösekompetenz erwarten Ihre Mitarbeiter eine weitere Fähigkeit von Ihnen: die Fähigkeit, Entscheidungen zu treffen. Studien haben gezeigt, dass Führungskräfte oft schneller entscheiden als Durchschnittspersonen. Das mag schlicht daran liegen, dass sie häufig extrem rasch Entscheidungen treffen müssen, es kann aber auch auf persönliche Merkmale wie Entscheidungsfreudigkeit und Kompetenz zurückzuführen sein.

2.9.1   Kopf oder Bauch?

Noch ist sich die Wissenschaft nicht einig darüber, ob es Kopf- oder Bauchentscheidungen sind, die zu besseren Ergebnissen von Entscheidungen führen. Fakt ist, dass sich ein »Bauchgefühl« häufig als richtig erweist. Schaut man allerdings genau hin, worin dieses Bauchgefühl besteht, lichtet sich der Nebel, den dieser Begriff umgibt. Zunächst ein kleiner Ausflug in die Welt des Wissens. Da gibt es zunächst das **explizite Wissen**, also jenes, das auf konkreten Fakten, Zahlen, Beobachtungen, Definitionen, Arbeitsanweisungen etc. beruht. Explizites Wissen ist jederzeit abrufbar und verbalisierbar. Und dann gibt es das **implizite Wissen**. Implizites Wissen befindet sich auf einer anderen Verarbeitungsebene, es ist zwar vorhanden, aber nicht verbalisierbar. Es handelt sich dabei um individuelle Arbeitstechniken, persönliche Routine und Erfahrungswissen. Möglicherweise haben Führungskräfte aufgrund ihrer Erfahrung auf ihrem Gebiet einen größeren Schatz an implizitem Wissen und entscheiden daher oft intuitiv richtig. Ihr »Bauchgefühl« ist somit nichts anderes als implizites Wissen.

>> Die Kunst des Führens liegt nicht nur darin, die richtige Entscheidung zu treffen, sondern auch darin, andere von der Richtigkeit der Entscheidung zu überzeugen.

Das gelingt nur dann, wenn man vernünftige Argumente aufzählen kann – nachdem man implizites in explizites Wissen überführt hat. Kurz, wenn man in der Lage ist, aus einem Bauchgefühl ein Argument zu machen.

Beispiele

Als der Rennfahrer Juan Manuel Fangio 1950 beim Grand Prix aus dem Tunnel kam, bremste er auf der Geraden seinen Wagen ab. Ein völlig unerwartetes Verhalten, das zunächst nach einem Fahrfehler aussah. In der Tat rettete es ihm das Leben. Denn in der Kurve, die sich der Geraden anschloss, hatte es einen Unfall gegeben, in den etliche der ihm nachfolgenden Wagen hineinfuhren. Die Kurve war allerdings vom Tunnel aus nicht einsehbar. Fangios Verhalten schien objektiv nicht begründet, dachte man, bis man anhand von Videoanalysen feststellte: Alle Zuschauer, die normalerweise auf die Wagen aus dem Tunnel achteten, waren abgewandt und blickt in Richtung der Kurve. Dieses Detail brachte Fangio dazu, eine blitzschnelle Entscheidung zu treffen. Sein Gehirn hatte diese Abweichung registriert und darauf reagiert, bevor es ihm bewusst werden konnte.

Feuerwehrleute, die ein brennendes Haus betreten, wissen, dass sie auf Geräusche achten müssen. Sie wissen z. B., dass in einem brennenden Badezimmer Spraydosen explodieren können. Ein erfahrener Feuerwehrmann weiß, dass der Explosion ein zischendes Geräusch vorausgeht, und weicht zurück. Eine Information, die einem Anfänger vielleicht fehlt. Daher ist es notwendig, dieses Wissen zu teilen, also zu begründen, warum man im entscheidenden Moment zurückgewichen ist (wegen der Tatsache, dass Spraydosen zischen, bevor sie explodieren).

In seinem Buch »Blink!« bringt der Autor Malcolm Gladwell eine spannende Geschichte, die sich im Getty-Museum in Los Angeles abspielte. Dem Museum wurde eine griechische Statue angeboten, ein nackter Jüngling, zu einem stolzen Preis von zehn Millionen Dollar. Die Prüfung der Echtheit zog sich über ein Jahr hin und wurde mit enormem technischem Aufwand betrieben (Elektronenmikroskop, Röntgenuntersuchungen, Massenspektrographie). Mit dem finalen Befund: Das Kunstwerk ist echt.

Dann, kurz vor Abschluss des Kaufvertrages, warf der ehemalige Leiter des Metropolitan Museum of Art in New York einen Blick auf die Figur. Das Erste, was ihm einfiel, war: »frisch«. Eine ungewöhnliche Beschreibung für eine zweitausend Jahre alte Statue. Doch tatsächlich, weitere Nachforschungen ergaben, dass der Alterungsprozess für Marmor mithilfe von Kartoffelschimmel kräftig beschleunigt worden war. Die Erfahrung und das Wissen des Experten haben folglich intuitiv auf die richtige Spur geführt. Indem rekonstruiert wurde, was ihn im Detail dazu gebracht hatte, die technischen Ergebnisse anzuzweifeln, wurde aus seinem impliziten Wissen explizites Wissen und dieses kann in Zukunft Kuratoren und Spezialisten bei der Einschätzung helfen.

2.9.2   Entscheidungsfindung mit FOR-DEC

Auch wenn Führungskräfte gerne schnell und intuitiv richtig entscheiden: Im Bestfall ist die Entscheidungsfindung ein Prozess, bei dem Argumente, Erfahrungen und Beobachtungen von mehreren qualifizierten Mitarbeitern auf einem Tisch liegen. Aufgabe der Führungskraft ist es dann, alle Argumente zu erfassen, abzuwägen und dann zu entscheiden.

Folgende Schritte stellen Ihre Entscheidung auf eine sichere Basis:

- **Fakten sammeln.** Verschaffen Sie sich einen Überblick, sammeln Sie so viele Fakten wie nötig. Lassen Sie Ihre Mitarbeiter zu Wort kommen. Wie stellt sich die Situation aus ihrer Sicht dar? Was haben sie beobachtet? Welche Informationen haben sie? Möglicherweise hat jemand Erfahrungen mit einem ähnlichen Fall gemacht. Dann sollten Sie diese Erfahrung einbeziehen.
- **Erkunden von Möglichkeiten.** Jede Situation birgt mehrere Alternativen. Jetzt gilt es herauszufinden, welches die effektivste Möglichkeit mit dem geringsten Risiko ist. Holen Sie auch hier die Meinungen Ihrer Mitarbeiter ein. Lassen Sie sie teilhaben an diesem Prozess und verhindern Sie somit, dass hinterher einer kommt und vorgibt, »es besser gewusst zu haben.«
- **Vor- und Nachteile benennen.** Machen Sie eine Liste von Vor- und Nachteilen für jede Möglichkeit. Wenn die Zeit knapp ist, lassen Sie die Liste weg, aber wägen Sie unbedingt die Risiken ab.
- **Halten Sie kurz inne.** Die größte Gefahr geht von vorschnellem Handeln aus. Nehmen Sie sich die Zeit, einen Schritt zurückzutreten und die Situation noch einmal zu überblicken. Wenn Sie sich dann immer noch sicher sind, dann:
- **Treffen Sie eine Entscheidung.** Letztendlich sind Sie es, der die Entscheidung trifft und der die Verantwortung dafür trägt.
- **Führen Sie die notwendigen Schritte aus.** Verteilen Sie Aufgaben und Verantwortlichkeiten. Geben Sie jedem Beteiligten eine konkrete Handlungsanweisung.
- **Überprüfen Sie das Ergebnis.** Ist es so wie gewünscht? Geht es möglicherweise besser? Dann beginnen Sie von vorne. So lange, bis sich eine optimale Lösung gefunden hat.

Dieses strukturierte Vorgehen nennt sich FOR-DEC und wurde vom Deutschen Zentrum für Luft- und Raumfahrt entwickelt. FOR-DEC dient Piloten als Entscheidungsgrundlage und hat den Vorteil, dass es auch unter Zeitdruck funktioniert (◼ Tab. 2.10).

⬛ **Tab. 2.10** FOR-DEC	
Facts	Konkrete Informationsbeschaffung, Sammeln von Fakten
Options	Analyse von Möglichkeiten: Welche existieren? Mit welchen Konsequenzen?
Risks	Wo liegen die Risiken der einzelnen Möglichkeiten, welches ist der Weg mit dem geringsten Risiko?
–	Kurzes Innehalten, verhindert, dass unter Zeitdruck vorschnell Entscheidungen getroffen werden
Decision	Entscheidung wird getroffen.
Execution	Die notwendigen Schritte werden ausgeführt.
Check	Die Richtigkeit der Entscheidung wird überprüft. Stellt sich eine Entscheidung als falsch heraus, beginnt der Prozess wieder von vorne.

- **Zusammenfassung**

Entscheidungen gehören zu Ihrem Führungsalltag. Dabei spielt es weniger eine Rolle, ob Sie aus dem Kopf oder Bauch heraus entscheiden. Viel wichtiger ist, dass Ihre Entscheidungen nachvollziehbar sind. Geben Sie Betroffenen die nötigen Informationen und räumen Sie nach Möglichkeit die Teilnahme am Entscheidungsfindungsprozess ein. Das erhöht nicht nur die Synergien, sondern führt auch dazu, dass Ihre Entscheidung auf Akzeptanz trifft. FOR-DEC hilft besonders dann, wenn es schnell gehen muss.

2.10 Zusammenfassung Mitarbeiterführung

Sie sind Führungskraft, somit führen Sie Ihr Team zu jedem Zeitpunkt.

Ihre Mitarbeiter haben unterschiedliche Beweggründe, Ihre Führung zu akzeptieren. Größtmögliche Loyalität erreichen Sie, indem Sie Werte vorleben, auf ein gemeinsames Ziel hin lenken und Relevanz stiften. Führung kann auf verschiedene Weise erfolgen:

- transformativ (auf Denkprozesse einwirkend),
- strategisch (die Situation formend) oder
- habituell (Verhalten beeinflussend).

Vertrauen spielt eine Schlüsselrolle beim Zustandekommen von Führung. Zum einen entscheidet Ihre Professionalität darüber, ob Ihnen Vertrauen

◧ Abb. 2.18 Motivation

entgegengebracht wird, zum anderen Ihre innere und äußere Haltung gegenüber Ihren Mitarbeitern.

Als Führungskraft gilt es, situationsgerecht zu kommunizieren und zu entscheiden. Sie sind Gestalter, Vorausdenker, Wegbereiter und Zuhörer. Sorgen Sie dafür, dass es zwischen den Stärken Ihrer Mitarbeiter und den situativen Gegebenheiten eine Passung gibt. Stärken Sie Kompetenzen, bieten Sie Rahmenbedingungen, diese zu entfalten. Schaffen Sie ein positives Arbeitsklima. Gehen Sie mit gutem Beispiel voran. Vielleicht haben Sie das Thema Motivation vermisst. Dass Sie es vermisst haben, ist gut so, denn natürlich sehen Sie sich verantwortlich, Ihre Mitarbeiter zu motivieren. Allerdings klingt »Motivation« ungefähr so wie ein Jagdhorn im Wald (◧ Abb. 2.18). Sie müssen niemanden mobilisieren, sofern Ziele sinnstiftend vermittelt sind, die Rahmenbedingungen passen und Ihr Führungsverhalten individuell angepasst ist. Indem Sie ein offenes Ohr behalten und die Bedürfnisse jedes Mitarbeiters ernst nehmen, tun Sie mehr als genug. Motivation muss dann von innen heraus kommen. Sie wollen Ihre Mitarbeiter ja nicht »zum Jagen tragen«, oder?

Vorgesetzte

Diana von Kopp

D. von Kopp, *Führungskraft – und was jetzt?*,
DOI 10.1007/978-3-662-50362-1_3, © Springer-Verlag Berlin Heidelberg 2017

3.1   **Die Perspektive des Vorgesetzten verstehen**

Nun sind Sie selbst Führungskraft geworden, doch gibt es vermutlich in der Hierarchie über Ihnen noch jemanden, dessen Erwartungen Sie zu erfüllen haben. Im Bestfall werden Sie sehr kollegial und unterstützend in Ihre neue Position begleitet und erhalten von Ihrem Vorgesetzten klare Zielvorgaben und die notwendigen Ressourcen. Sollten Sie das Glück haben, obendrein auch noch einen verständnisvollen, selbstkritischen und wohlgesinnten Vorgesetzten zu haben, dann dürfen Sie sich bei diesem Kapitel entspannt zurücklehnen. Die Anregungen und Tipps sind in erster Linie für all jene gedacht, die verunsichert sind, sei es, weil sie nicht wissen, wie sie sich gegenüber ihrem Vorgesetzten verhalten sollen, oder deshalb, weil ihnen das Verhalten des Vorgesetzten merkwürdig vorkommt und sie einen Rat für den Umgang mit ihm in schwierigen Situationen suchen.

Wie es unterschiedliche Mitarbeitertypen gibt, so gibt es auch ganz verschiedene Typen von Vorgesetzten. Es wird i. d. R. eine Zeit brauchen, bis Sie herausgefunden haben, wie Sie am besten mit Ihrem Vorgesetzten auskommen. Bis Sie erkannt haben, was Sie dazu beitragen können, um eine gute gemeinsame Basis zu schaffen. Das ist gewiss eine individuelle Angelegenheit, allerdings gibt es ein paar wenige Dinge, die alle Vorgesetzten gemeinsam haben:

- **Wenn ihre Mitarbeiter einen guten Job machen, haben sie selbst einen unmittelbaren Nutzen davon.** Möglicherweise ist das auch einer der Gründe, warum man Sie ausgewählt hat, ein Team zu leiten. Man verspricht sich von Ihnen, dass Sie einen guten Job machen.
- **Sie mögen loyale Mitarbeiter.** Nichts ist schlimmer für Vorgesetzte, als Mitarbeiter, auf die kein Verlass ist und bei denen sie nie genau wissen, woran sie sind. Loyalität steht also hoch im Kurs. Kluge Vorgesetzte bedanken sich dafür mit Anerkennung, Entwicklungschancen und persönlichen Freiräumen.
- **Vorgesetzte haben wenig Zeit.** Seien Sie rücksichtsvoll und kommen Sie nur mit Dingen, die wirklich wichtig sind und die kein anderer erledigen kann. Und v. a. haben Sie einen Plan. Also eine konkrete Vorstellung, was Sie von ihrem Vorgesetzten erwarten. Sie brauchen sich nicht »heranzutasten«, sondern Sie kommen mit einem konkreten Ziel auf ihn zu. Sie wirken dann nicht nur überzeugender, sondern sparen sich und ihrem Vorgesetzten Zeit.
- **Sie scheinen ein Faible für Zahlen zu haben.** Sie werden es bald selbst merken: Als Vorgesetzter kommt man um Zahlen nicht herum. Als Zielvorgaben, Budgets, Ist- und Sollwerte, Indizis, Einnahmen, Ausgaben – Sie werden in den vielfältigsten Varianten mit ihnen zu tun haben. Wie auch immer, unterm Strich sollte stets ein Gewinn

stehen. Machen Sie Ihrem Vorgesetzten deutlich, dass Sie diese Logik prinzipiell verstanden haben und in einer geschickten Weise mit den Ihnen anvertrauten Ressourcen umgehen werden.

- **Sie mögen es nicht, dass man sich ihnen anbiedert.** Sie sind eine neue Führungskraft. Bestimmt haben Sie ein großes Bedürfnis, sich bei Ihrem Vorgesetzten beliebt zu machen. Sie möchten den Erwartungen gerecht werden, alles richtig machen. Instinktiv suchen Sie die Nähe zu Ihrem Vorgesetzten. Bedenken Sie bei alledem Folgendes: **Sobald feststeht, dass zwischen Ihrer Person und guten Ergebnissen ein Zusammenhang besteht, werden Sie feststellen, dass Sie Ihrem Vorgesetzten gar nicht hinterherzulaufen brauchen.** Man wird auf Sie zukommen, denn kompetente Mitarbeiter sind begehrt.

3.2   Wie Sie Ihren Vorgesetzten beeindrucken

Ihr Bedürfnis, sich bei Ihrem Vorgesetzten beliebt zu machen, ist mehr als verständlich. Im Grunde ist das auch gar nicht schwer.

Steve Jobs war ein charismatischer Führer an der Spitze eines extrem erfolgreichen Unternehmens. Stellen Sie sich vor, Sie hätten für ihn gearbeitet. Was hätten Sie tun müssen, um ihn zu beeindrucken?

- Sich in seine Nähe mogeln, ihm nach dem Mund reden?
- Gegen Ihre Kollegen mit harten Bandagen kämpfen und am Ende siegen?
- Herumerzählen, wie toll Steve ist und dass er, wenn er auf Sie hören würde, noch erfolgreicher sein könnte?
- Einen konkreten Kundenwert schaffen (ein innovatives Produkt entwickeln)?

Sie werden es erraten, es ist der konkrete Wert für den Kunden, der sein Interesse geweckt hätte. Mit allen anderen Strategien können Sie auf lange Sicht nur verlieren. Zeigen Sie Arbeitsergebnisse, von denen Ihr Vorgesetzter profitiert. **Signalisieren Sie, dass Sie die Mission verstanden haben und bereit sind, diese an Ihre Mitarbeiter weiterzugeben.** Im Zweifel halten Sie sich an ein Statement von James Kouzes: »**Alles, was beispielhafte Führungspersönlichkeiten tun, hat mit der Schaffung von Wert für ihre Kunden zu tun.**«

Dieser Ansatz ist wirklich auf jede beliebige Branche übertragbar. Arbeiten Sie in einem Krankenhausbetrieb, schauen Sie wie sie zufriedene Patienten bekommen (d.h. indem Sie Fehler minimieren, Therapien verbessern, die Erreichbarkeit der Ansprechpartner verbessern), in der Gastronomie sorgen Sie für zufriedene Gäste, in der Verwaltung für zufriedene Kunden.

3.3   »Die fünf entscheidenden Fragen«

Von Peter Drucker stammen »**Die fünf entscheidenden Fragen des Managements**« (◘ Tab. 3.1). Dabei handelt es ich um Fragen, die sich laut Drucker jedes Unternehmen, egal in welchem Sektor, stellen sollte:

- Was ist unsere Mission?
- Wer ist unser Kunde?
- Worauf legt der Kunde Wert?
- Was sind unsere Ergebnisse?
- Was ist unser Plan?

Diese Fragen geben Ihnen ein gutes Rüstzeug, um mit Ihrem Vorgesetzten in ein produktives Gespräch zu kommen. Was nicht heißen soll, dass Sie Ihrem Vorgesetzten genau diese Fragen stellen sollen! Das hat er möglicherweise ja bereits selbst getan. Vielmehr sollen Sie sie verinnerlicht haben, um bei Gelegenheit darauf zurückzugreifen und damit argumentieren zu können.

Versuchen Sie Ihre Aufgabe im Unternehmen unter diesen Gesichtspunkten zu betrachten. Vielleicht fallen Ihnen sofort einige Punkte ein, um Ihre Arbeit effizienter und kundenorientierter zu gestalten. Damit sind Sie im Gespräch mit Ihrem Vorgesetzten auf der sicheren Seite. Er wird erkennen, dass Sie seine Probleme verstanden haben, und sich freuen, einen qualifizierten Mitarbeiter im Boot zu haben. Vielleicht sind Sie ja sogar ein Stück voraus, dann bleiben Sie bescheiden. Erklären Sie sachlich und mit guten Argumenten die Vorzüge einer bestimmten Strategie. Und seien Sie nicht besorgt, wenn Sie ebendiese Argumente in einem Strategiemeeting wiedererkennen. Nehmen Sie es als Anerkennung für Ihren Beitrag. Und machen Sie weiter so!

Bescheidenheit ist überhaupt eine Tugend, die sich im Umgang mit Vorgesetzten gut macht. Natürlich sollen Sie kompetent sein und smart. Jedoch nicht in einer Weise, dass Sie eine Konkurrenz für Ihren Vorgesetzten darstellen oder er sich angegriffen fühlt. Beispielsweise ist anzunehmen, dass Führungskräfte, die gerade ihre Ausbildung oder ihr Studium beendet haben, auf dem aktuellen Wissenstand in ihrem Fachgebiet sind – ihrem Vorgesetzten in Bezug auf Fachkenntnisse womöglich sogar einen Schritt voraus. Das ist sicherlich ein Vorteil. Allerdings haben langjährige Vorgesetzte etwas Entscheidendes voraus: Erfahrung. Von dieser wiederum können Sie als Neuling profitieren. Folglich sollte es ein gegenseitiges Geben und Nehmen sein und keine Rechthaberei. Zeigen Sie sich bereit, Ihre Kompetenz zu teilen, und nehmen Sie gerne Ratschläge Ihres erfahrenen Kollegen an.

Einem Vorgesetzten, dessen Vertrauen Sie auf diese Weise gewonnen haben, dürfen Sie ruhigen Gewissens Forderungen stellen. **Ebenso wie Ihre**

◘ Tab. 3.1 Fünf entscheidende Fragen nach Peter Drucker

Fünf entscheidende Fragen	
Was ist unsere Mission?	Was haben die Menschen von unserer Arbeit?
	Vor welchen Herausforderungen stehen wir?
	Welche Chancen bieten sich?
Wer ist unser Kunde?	Wer sind unsere Kunden?
	Wie werden sich unsere Kunden verändern?
	Wie sollen wir darauf reagieren?
Worauf legt der Kunde Wert?	Was wissen wir über unsere Kunden?
	Was sollte uns interessieren?
	Wie werde ich mich daran beteiligen, Wissen über Kundenbedürfnisse zu bekommen?
Was sind unsere Ergebnisse?	Wie definieren wir Ergebnisse?
	Sind wir erfolgreich?
	Was müssen wir ausbauen oder aufgeben?
Was ist unser Plan?	Was sind unsere Ziele?
	Welche Zielvereinbarungen bestehen?
	Wie sind die Schritte?
	Welches Budget steht zur Verfügung?
	Woran erkennen wir, dass wir unser Ziel erreicht haben?

Mitarbeiter Ihre Ressource sind, ist auch Ihr Vorgesetzter Ihre Ressource.
Von ihm bekommen Sie Unterstützung, Budget und Rückendeckung. Es
wird nicht ausbleiben, dass auch Ihnen mal ein Fehler unterläuft. Denken
Sie jedoch an den »Halo-Effekt«. Nach einem kompetenten ersten Eindruck werden Ihnen Fehler leichter verziehen.

3.4   Das erste Gespräch mit Ihrem Vorgesetzten

In der Regel wird Ihr Vorgesetzter Sie zu einem ersten Gespräch bitten. Dabei geht es darum, sich gegenseitig kennenzulernen und erste Aufgaben zu verteilen. Nutzen Sie dieses Gespräch, um den Grundstein für die zukünftige Zusammenarbeit sorgfältig zu legen!

▬ Zeigen Sie Ihre Freude über die neue Herausforderung.

▬ Bedanken Sie sich für das Vertrauen, das man in Sie setzt.

▬ Klären Sie Erwartungen. Und zwar auf beiden Seiten: Wie stellt sich Ihr Vorgesetzter die Zusammenarbeit vor? Und was erwarten Sie von ihm?

Das ist ein sehr wichtiger Punkt zu einem wichtigen Zeitpunkt. Denn wo Erwartungen nicht klar formuliert sind, kann es zu Missverständnissen kommen, die sich früher oder später zu Konflikten ausweiten. Legen Sie daher konkret fest, wer welchen Nutzen von der Zusammenarbeit hat. **Sie sind auf Rückendeckung und Support von Ihrem Vorgesetzten angewiesen. Und umgekehrt braucht er Sie, um seine Zielvorgaben zu erreichen.** Treffen Sie eine Abmachung, wie Sie beide von Ihrer guten Zusammenarbeit profitieren. Erstellen Sie einen konkreten Handlungsplan. Darin sollte enthalten sein,

▬ wann Absprachen stattfinden,

▬ was Sie selbstständig entscheiden dürfen und was nicht,

▬ welches Ihre Aufgabenbereiche sind und

▬ wie die Zielvorgaben lauten.

Noch ein kleiner Tipp: Es ist immer gut, Abmachungen, die mündlich getroffen wurden, ebenfalls schriftlich festzuhalten. Somit hat man etwas in der Hand, wenn es zu einem späteren Zeitpunkt Unklarheiten in Bezug auf Aufgaben und Kompetenzen geben sollte.

Checkliste für das erste Gespräch mit dem Vorgesetzten

▬ Signalisieren Sie Freude an gemeinsamer Arbeit.

▬ Bedanken Sie sich für das entgegengebrachte Vertrauen.

▬ Klären Sie gegenseitige Erwartungen.

▬ Erstellen Sie einen konkreten Plan für Zusammenarbeit (Absprachen, Entscheidungsbefugnisse, Kompetenzbereiche, Aufgaben).

▬ Benennen Sie mittelfristige und langfristige Ziele.

3.5   Umgang mit schwierigen Vorgesetzten

Eine verbreitete Eigenschaft von Vorgesetzten ist, dass sie manchmal »schwierig« sind. Dafür kann es unterschiedliche Ursachen geben. **Im Zweifel sollten Sie immer zuerst sich selbst und Ihr Verhalten hinterfragen.** Manchmal sind wir sensibel für bestimmte Eigenschaften, die wir als störend empfinden, weil wir in der Vergangenheit negative Erfahrungen damit gemacht haben. Das ist dann i. d. R. eine persönliche Angelegenheit und muss von anderen nicht zwingend genauso erlebt werden. Vieles, was wir wahrnehmen, vermischt sich mit individuellen Erfahrungen, die wiederum als eine Art Verstärker in Kraft treten. Schauen Sie also noch einmal genau hin, was Sie als schwierig empfinden. Jeder Mensch hat seine Unvollkommenheiten. Wenn es sich unter diesem Gesichtspunkt um eine (für andere) harmlose Marotte handelt, dann versuchen Sie sich damit anzufreunden. Niemand ist fehlerfrei. Toleranz ist eine wichtige Eigenschaft für einen guten Umgang miteinander! Doch Toleranz ist nicht grenzenlos. **Handelt es sich um ein ganz offenkundig störendes Verhalten und hat es auch von anderen schon Beschwerden in dieser Richtung gegeben, dann ist es an der Zeit, sich eine Strategie zu überlegen.** Eine Regel gilt es jedoch zu beachten: Vermeiden Sie Kritik an Ihrem Vorgesetzten! Mit Kritik erreichen Sie keine Verhaltensänderung, eher Abwehr und das Bedürfnis sich zu rechtfertigen oder sogar sich zu rächen. **Was immer Sie mitteilen wollen, formulieren Sie es positiv! Vertreten Sie Ihren Standpunkt und formulieren Sie konkrete Wünsche für eine bessere Zusammenarbeit.** Möchten Sie beispielsweise nicht, dass Ihr Vorgesetzter Sie ständig herbeizitiert, erklären Sie ihm, dass Sie selbstverständlich gerne Ansprechpartner sind, dass Sie jedoch genauso ein Bedürfnis haben, Ihre Arbeit effizient zu gestalten. Bitten Sie um einen Lösungsvorschlag für diese Problematik.

In ❏ Tab. 3.2 finden Sie einige Vorschläge für typische Situationen mit schwierigen Vorgesetzten:

▣ **Tab. 3.2** Umgang mit schwierigen Vorgesetzten

Strategie des Vorgesetzten	Gegenstrategie
Persönliche Angriffe	Bringen Sie Verständnis auf für berechtigte Kritik an der Sache. **Bleiben Sie ruhig und sachlich!** Zeigen Sie rigoros Grenzen, wenn es um Beleidigungen Ihrer Person geht. Machen Sie deutlich, dass Sie gerne bereit sind auf der Sachebene zu verhandeln.
Alles und jeden kontrollieren	Bleiben Sie souverän, kompetent und gelassen. **Hinter dem Kontrollbedürfnis steckt ein Mangel an Vertrauen. Überzeugen Sie durch gute Arbeit.** Handeln Sie aus, wie viel Rücksprache notwendig ist und wo ein Zuviel davon gute Arbeit verhindert.
Gut ist nicht gut genug	Was man auch tut, nie macht man's richtig: Hier erkennen Sie einen inneren Antreiber wieder und einen ausgeprägten Perfektionismus. Nehmen Sie es nicht persönlich. Versuchen Sie Verständnis aufzubringen. Sehen Sie es als hohes Qualitätsbewusstsein und machen Sie Ihre Arbeit gut. **Geben Sie auf keinen Fall den Druck an Ihr Team weiter**, sondern sorgen Sie dafür, dass Sie Ihr Team **ausreichend loben.**
Konfusion erzeugen	Dieser Vorgesetzte hat das Talent hektische, ziellose Betriebsamkeit zu erzeugen. Offensichtlich besteht nicht nur bei den Mitarbeitern Zielunklarheit. Auch bei ihm hapert es an einem konkreten Ziel. Helfen Sie auf die Sprünge, indem Sie nach einem »einfachen, klaren, konkreten« Ziel verlangen.
Zeitdruck aufbauen	»Bis heute Abend will ich die Unterlagen auf dem Tisch ...« Ganz klar erkennen Sie hier einen inneren Antreiber: »Beeil Dich!« Atmen Sie durch und überzeugen Sie Ihren Vorgesetzten davon, dass alle ihr Bestes geben, flott zu arbeiten. Dann lassen Sie Ihre Mitarbeiter in Ruhe ihren Job machen. Fragen Sie gezielt nach, wo sich Zeitfallen verbergen, weil z. B. Einwilligungen fehlen oder Materialien. Versuchen Sie diese in Zukunft zu minimieren.
Arbeitsergebnisse der Mitarbeiter als eigene »verkaufen«	**Geben Sie Feedback**, signalisieren Sie, wie wichtig Ihnen Anerkennung für Ihre Arbeit ist. Machen Sie klar, dass ein starkes Team hinter Ihrem Vorgesetzten steht und er dies auch so nach außen tragen soll.

◻ Tab. 3.2 (Fortsetzung)

Strategie des Vorgesetzten	Gegenstrategie
Durch Abwesenheit glänzen, nicht erreichbar sein, andere machen lassen	Erklären Sie, warum es Ihnen wichtig ist, in Ihrem Vorgesetzten einen Ansprechpartner zu haben. **Versuchen Sie es mit einem regelmäßigen Meeting an einem bestimmten Wochentag.** Legen Sie eine Agenda vor. Überzeugen Sie Ihren Vorgesetzten vom Nutzen regelmäßiger Absprachen und dass Sie von seiner Erfahrung und seinem Wissen profitieren möchten.
Steine in den Weg legen, Position absichern, verhindern, dass ein anderer aufsteigt	Bleiben Sie ruhig, freundlich, kooperativ und kümmern Sie sich um Ihren persönlichen Aufstieg auf der nächsten Hierarchieebene. **Wechseln Sie ggf. das Team.**
Kompromisslos Entscheidungen durchziehen ohne Rücksicht auf andere	**Räumen Sie sich und Ihrem Team ein Mitspracherecht ein.** Nennen Sie gute Gründe, warum es Ihrer Ansicht nach wichtig ist, die Erfahrung Ihrer Mitarbeiter zu nutzen und Vorschläge zuzulassen.
Festhalten an scheinbar Bewährtem und Ablehnung gegenüber Verbesserungsvorschlägen	Hinter diesem Verhalten steckt ein Bedürfnis nach Sicherheit. Jemand mit dieser Einstellung hat schlechte Erfahrungen gemacht, wenn Dinge sich ändern. **Erklären Sie klipp und klar die Vorzüge einer Veränderung und »verkaufen« Sie sie unter den Gesichtspunkten Sicherheit und Beständigkeit (z. B. indem Sie sagen, dass sich das Erreichte nur unter dem Gesichtspunkt bewahren lässt, dass man sich den veränderten Kundenwünschen anpasst).**
Realitätsverlust, lebt in eigener Welt, sieht alle anderen als Deppen	Mit dieser Einstellung macht man sich keine Freunde. **Lassen Sie sich nicht beeindrucken,** dieser Mensch hat in erster Linie ein Problem mit sich selbst. Bleiben Sie gelassen und kümmern Sie sich um Ihre Karriere oder um Ihre Familie, also um die wirklich wichtigen Dinge im Leben …
Unmoralisches Handeln	**Lügen Sie nie für Ihren Vorgesetzten,** damit machen Sie sich erpressbar. Lassen Sie sich nicht in Angelegenheiten hineinziehen, die Ihren Werten entgegenstehen.

3.6   **Zusammenfassung**

Ein gutes Verhältnis zu Ihren Vorgesetzten ist eine wichtige Basis, damit Sie Ihrer Arbeit mit Freude nachgehen können. Sie sollten nicht nur Ihre Mitarbeiter, sondern auch Ihre Vorgesetzten als persönliche Ressource betrachten. Zum Beispiel können Sie von den Erfahrungen Ihres Vorgesetzten lernen. Signalisieren Sie, dass Ihre Bereitschaft hierzu vorhanden ist. Für Ihre persönliche Arbeit sind Sie auf Rückendeckung und Unterstützung angewiesen. Dafür sollten Sie im Umkehrschluss auch etwas leisten. **Behandeln Sie Ihre Vorgesetzten so, wie Sie selbst gerne von Ihren Mitarbeitern behandelt werden wollen.** Formulieren Sie klar Ihren Standpunkt, aber bleiben Sie flexibel genug, um ihn ggf. um eine Sichtweise zu erweitern. Bleiben Sie auch in schwierigen Situationen kompetent und sachlich. Lassen Sie sich nicht beirren und machen Sie Ihre Arbeit gut.

Setting

Diana von Kopp

D. von Kopp, *Führungskraft – und was jetzt?*,
DOI 10.1007/978-3-662-50362-1_4, © Springer-Verlag Berlin Heidelberg 2017

4.1   Überblick

Zeit für einen Perspektivwechsel. In den vergangenen drei Teilen des Buches haben wir uns mehr oder weniger mit Ihrer Person beschäftigt. Wir haben betrachtet, wie Sie als Führungskraft

- sich selbst managen,
- Einfluss auf ihre Mitarbeiter nehmen und
- Ihre Vorgesetzten beeinflussen.

Im vierten Teil des Buches soll Ihr analytischer Blick geschärft werden für das Setting um Sie herum, vorhandene Systeme und Netzwerke sowie für stattfindende Prozesse. **Weil das Setting, die Systeme, Netzwerke und Prozesse erheblichen Einfluss nehmen, auf Ihre Arbeit und die Ihres Teams.**

Begriffsklärung
Setting
Unter Setting sind sämtliche strukturelle, räumliche und organisatorische Rahmenbedingungen zu verstehen, beispielsweise Arbeitsorganisation und Prozesse, Gruppengröße, Arbeitsbedingungen und Arbeitszeiten. Innerhalb eines Settings kann es verschiedene Systeme geben (z. B. innerhalb eines Unternehmens mehrere Abteilungen, innerhalb von Abteilungen mehrere Teams, innerhalb von Teams mehrere Gruppen).

System
Vereinfacht ist ein System ein Verbund von Elementen, die im Austausch miteinander sind und die sich durch die Häufigkeit und Qualität des Austausches von benachbarten Systemen abgrenzen. Eine Familie ist beispielsweise ein System. So unterscheidet sich jede Familie von anderen Familien durch ihre ganz eigenen Interaktions- und Handlungsmuster. Diese Muster werden auch Operationen genannt. Operationen bilden das Selbstverständnis eines Systems und führen dazu, dass es sich von anderen Systemen im selben Setting unterscheidet. Das bedeutet z. B., dass zwei Unternehmen derselben Branche an ein und demselben Standort angesiedelt sein können und sich dennoch durch ihre Kultur und ihre Operationen unterscheiden, Airlines etwa. Diese Unternehmen bilden dann jeweils ein eigenes System (◘ Abb. 4.1).

In diesem Sinne ist auch Ihr Team ein eigenes System (◘ Abb. 4.1). Es ist umso stabiler, je häufiger die Teammitglieder miteinander kommunizieren und je qualitativ hochwertiger dieser Austausch ist. Dabei kommt es besonders auf die Qualität des Austausches an. Ihr Team kann aus weit über den

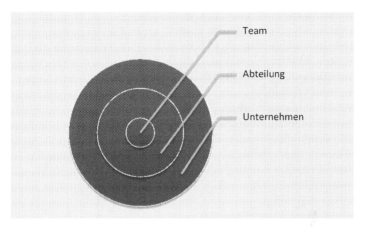

□ Abb. 4.1 Beispiele für Systeme

Globus verstreuten Mitarbeitern bestehen, jedoch durch regelmäßige Treffen, Telefonkonferenzen, Mailkontakte und über ein gemeinsames Ziel stark verbunden sein. Umgekehrt können Sie ein formales Team um sich herum haben, das als solches gar keines darstellt, weil die Mitglieder eigene Interessen verfolgen, die sie einander nicht kommunizieren.

4.1.1 Ihre Ankunft im Team

Als neue Führungskraft kommen Sie in ein bestehendes Team. Das System existiert also schon eine Weile. Es muss Ihnen irgendwie gelingen, da hineinzukommen. Nun haben Sie es als Führungskraft etwas leichter als ein Sachbearbeiter. Sie haben »positional power«, Positionsmacht also. Sie können sich vor das Team stellen und neue Regeln aufstellen. Sie können Ihr eigenes System gründen. Theoretisch ist das machbar. Praktisch ist das anspruchsvoll, aber es funktioniert. Es kommt dabei auf den Ton an, den Sie angeben, und auf die Emotion, die Sie damit auslösen. Produzieren Sie Angst, Wut und Ärger, werden Sie auf Ablehnung treffen und die Systemgrenzen eher verstärken. Dann könnten Sie zwar immer noch eingreifen, indem Sie Personen austauschen und reorganisieren, echte Akzeptanz bleibt Ihnen damit allerdings weiterhin versagt. Richtig funktioniert es nur über den Weg des Vertrauens. Vertrauen entsteht durch Kontakthäufigkeit, qualitativ hochwertige Kommunikation, durch Kompetenz und Glaubwürdigkeit. Sie als Person sind dann stark in Ihrer Vorbildrolle gefragt.

4.1.2   **Vorabinformationen**

Angenommen, es ist ein gut funktionierendes, stabiles System, in das Sie als Führungskraft hineinberufen werden. Allein durch Ihr Hineindringen bringen Sie Aufruhr in das System. Wie ein Stein, der in ein stehendes Gewässer fällt und Kreise verursacht. Für Sie ist es sinnvoll, das Gewässer zu kennen, in das Sie sich werfen.

Und umgekehrt sollte Ihr zukünftiges Team darauf vorbereitet sein. Es hat schon Mitarbeiter gegeben, die aus der Zeitung erfahren haben, dass sie einen neuen Chef bekommen. Und nicht nur, dass sie einen neuen bekommen, sondern auch warum (damit er eine neue »Dynamik« reinbringt, um bestehende Strukturen zu »sanieren«, um »durchzugreifen«). Die Gerüchte liefen dem oder der Neuen also schon weit voraus. Skepsis und Ablehnung waren das natürliche Resultat dieser Gerüchte. Begeht der Neue dann noch den Fehler, einfach loszulegen, ohne die Einzelnen im Team vorher angehört zu haben, wird ihm das schnell als Ignoranz und Selbstzufriedenheit ausgelegt. Auch wenn Mitarbeiter vordergründig Loyalität vorgeben, bedeutet das nicht zwangsläufig, dass diese Loyalität in ihrem Inneren auch vorhanden ist. Sie werden solange misstrauisch bleiben, bis sie einen glaubhaften Grund haben, Vertrauen zu fassen.

Die Konsequenzen, die Sie hieraus ziehen sollten, sind Folgende:

- Holen Sie Informationen über Ihr zukünftiges Team ein, über Arbeitsergebnisse, Werdegang und Qualifikationen jedes Einzelnen, über Familienstand und berufliche Interessen. Im Bestfall bekommen Sie diese Informationen in einem **persönlichen Gespräch**.
- Sie sollten dafür Sorge tragen, dass Ihr Team rechtzeitig vor Ihrem Auftauchen davon erfährt, dass Sie der neue Vorgesetzte werden. Sie können davon ausgehen, dass auch Ihre zukünftigen Mitarbeiter Informationen über Sie einholen werden. Je weniger Sie wissen, desto akribischer werden Sie Ihre privaten Profile durchforsten. **Geben Sie also genügend Informationen vorab.** Wo das von Angesicht zu Angesicht nicht möglich ist, fertigen Sie ruhig eine (kurze) schriftliche Mitteilung an, in dem Sie Ihre Freude auf die gemeinsame, zukünftige Arbeit kundtun und einige Sätze über Ihre Person hinzufügen, Ihren Werdegang und vielleicht einige Ihrer Interessen. Letztere jedoch nur, wenn sie relevant für die Beziehungsaufnahme zu Ihren Mitarbeitern sind, also wenn es Dinge sind, die Sie gerne mit anderen teilen.

4.1.3 Netzwerke identifizieren und nutzen

Ein weiterer wichtiger Punkt, über den Sie Bescheid wissen sollten, sind die Netzwerke innerhalb des Systems und mit benachbarten Systemen.

Das ist aus dem Grunde wichtig, da es unabhängig von Hierarchien Mitarbeiter gibt, die sehr viel Einfluss haben, weil sie mit vielen Personen in engem Austausch stehen und somit ein Stimmungsbild nachhaltig beeinflussen können. Es handelt sich dabei um Menschen, die über sog. informelle Macht verfügen. Sie haben das Vertrauen ihrer Kollegen und werden häufig um Rat gebeten. Selbst wenn Sie als Führungskraft hierarchisch höher angesiedelt sind, kann es sein, dass Ihre Mitarbeiter sich stärker an diesen Personen orientieren. **Einflussreiche Mitarbeiter sollten Ihnen auf jeden Fall bekannt und im Bestfall auf Ihrer Seite sein.** Sie haben anderen voraus, dass sie die Sprache der Mehrheit sprechen. Den Code, Vertrauen zu erlangen, haben sie sozusagen bereits geknackt. Schauen Sie sich diese einflussreichen Networker an. Lernen Sie von Ihnen, besonders wenn Sie neu sind im Unternehmen und die Gepflogenheiten noch nicht so gut kennen. **Indem Sie das Vertrauen eines Netzwerkers gewinnen, sparen Sie sich viel Zeit.** Das merken Sie besonders dann, wenn Veränderungen bevorstehen, oder Sie Entscheidungen treffen, die gegen die Interessen Ihrer Mitarbeiter sind. Mit Hilfe jener Netzwerker können Sie Ihre Entscheidungen besser streuen. Einem einflussreichen Befürworter dürfte es deutlich leichter fallen, Akzeptanz hervorzubringen. Ein anderer Grund, warum Sie auf Netzwerke setzen sollten, ist die Erweiterung des Wissens- und Erfahrungsrepertoires. Besonders dann, wenn sich Experten mit anderen Experten verbinden. Das kann über Firmengrenzen hinaus geschehen, in Blogs, auf Kongressen, Fachtagungen oder bei Interessenverbänden.

Es gibt zwei verschiedene Arten von Netzwerken:

- Kohäsive Netzwerke: Der Kontaktinhaber hat viele Kontakte zu Menschen, die sich untereinander kennen (z. B. weil sie im selben Unternehmen arbeiten oder per Facebook miteinander verbunden sind).
- Brückennetzwerke: Der Kontaktinhaber hat viele unterschiedliche Kontakte, die sich untereinander jedoch nicht kennen (z. B. Fachkollegen auf unterschiedlichen Kontinenten, soziale Kontakte in unterschiedlichen Settings wie Sportfreunde, ehemalige Studienkollegen).

Kohäsive Netzwerke sind besonders dann von Vorteil, wenn Sie rasch mit vielen Leuten in Austausch treten wollen, wenn Sie eine Veränderung planen, ein Stimmungsbild bekommen, Informationen verbreiten oder erhalten wollen (◘ Abb. 4.2).

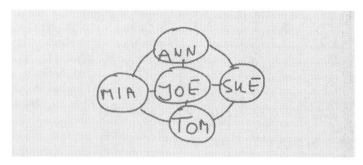

■ **Abb. 4.2** Kohäsives Netzwerk

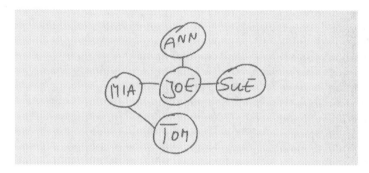

■ **Abb. 4.3** Brückennetzwerk

Brückennetzwerke sind gut, um Wissen zu generieren, gezielte Informationen zu bekommen, Erfahrungen auszutauschen und Kontakte zu Lieferanten, Kunden und Wettbewerbern zu (er-)halten (■ Abb. 4.3).
Ihr System, das Team, hat folglich weit größeres Potential, als das Know-how der Einzelnen. Unter intelligenter Ausschöpfung aller Kontakte ist in der Summe eine viel größere Wertschöpfung vorhanden. Sie können Ihr System beliebig vergrößern, und damit Ihren Einfluss. Sie können mit potenziellen Kunden in Austausch treten, noch während Sie ein Produkt entwickeln, Feedback über neue Produkte einholen, Erfahrungsberichte auswerten, interne und externe Stimmungsbilder einholen oder wie in folgendem Beispiel globale Kontakte nutzen:

Beispiel 1

Martha ist Geschäftsführerin einer Porzellanmanufaktur und möchte ihren Kunden während der nächsten Messe in Tokio etwas Besonderes bieten. Einer Ihrer Mitarbeiter, Henning, hat bereits drei Jahre in Tokio gelebt und kennt jemanden, der vor Ort für eine Eventagentur arbeitet. Er bietet an, Kontakt aufzunehmen und Möglichkeiten für ein Event zu erkunden. Henning nutzt seinen Kontakt aus einem **Brückennetzwerk**. Sein Freund hat inzwischen den Arbeitgeber gewechselt, kennt jedoch jemanden in Kyoto, der ein mobiles Teehaus im Originalstil besitzt, das er an verschiedenen Orten aufbauen und in dem er traditionelle Teezeremonien anbieten kann. Martha findet Gefallen an der Idee und beauftragt Henning mit der Organisation des Ganzen.

In Kyoto laufen die Vorbereitungen für den Messeauftrag in Tokio. Das Team des Teehausanbieters steht in engem Austausch untereinander. Dieses eingespielte Team bildet ein **kohäsives Netzwerk**. Jeder kennt jeden, alle bringen ihre Erfahrungen und ihr Wissen ein. Sie helfen sich gegenseitig, überprüfen, wie der Stand der Vorbereitungen ist und ob jemand Unterstützung braucht oder wo etwas fehlt. Sie organisieren die Anreise und die Unterkunft in Tokio innerhalb ihres Netzwerkes und informieren sich gegenseitig über Neuigkeiten.

■ **Fazit**

Die Kontaktaufnahme über ein Brückennetzwerk war der erste Schritt. Die Arbeitsorganisation und Absprache innerhalb des Teams in Kyoto erfolgte dann über ein kohäsives Netzwerk.

Beispiel 2

Stine arbeitet für einen Hersteller von Büromöbeln. Aufgrund guter Ergebnisse erhält sie eine Beförderung in eine Führungsposition, die jedoch mit einem Wechsel in eine andere Niederlassung einhergeht. Das neue Team ist ihr weitestgehend unbekannt. Allerdings ist sie durch die Teilnahme an einem Workshop mit Nina befreundet, die in diesem Team arbeitet. Nina ist somit Teil von Stines Netzwerk. Da Nina die anderen Mitglieder aus Stines Netzwerk nicht kennt, handelt es sich somit um einen Kontakt aus einem Brückennetzwerk. Stine nimmt Kontakt auf und bespricht mit Nina den bevorstehenden Wechsel. Nina ist wiederum eine wichtige Ansprechpartnerin für die anderen Teammitglieder. Sie nutzt ihren Einfluss in dem kohäsiven Netzwerk des Teams, um ein positives Stimmungsbild in Bezug auf Stines Antritt als Führungsperson zu erzeugen.

■ **Fazit**

Auch hier erfolgte zuerst die Kontaktaufnahme über ein Brückennetzwerk. Die Vorbereitungen auf Stines Ankunft laufen dann über das kohäsive Netzwerk von Nina.

Was, wenn Sie niemanden in dem neuen Unternehmen kennen?

Dann können Sie sich in Ihrem eigenen Netzwerk umhören. Meistens kennt irgendjemand einen anderen, der wiederum jemanden kennt ... Diese Kontakte können Sie entweder direkt aufnehmen oder Sie lassen sich von Freunden einen Kontakt vermitteln. Sie können auch eigenständig Personen recherchieren, z. B. indem Sie auf den offiziellen Firmenseiten Personen aufrufen. Netzwerker erkennen Sie daran, dass sie mit vielen anderen verbunden sind, z. B. per Facebook, und dass sie häufig soziale Aktivität aufweisen, z. B. die jährliche Skifreizeit organisieren oder andere Events planen. Innerhalb des Unternehmens erkennen Sie kohäsive Netzwerker v. a. daran, dass viele Personen bei ihnen Rat suchen und dass sie einen vertrauenserweckenden Eindruck machen. Mit großer Wahrscheinlichkeit werden Sie es auf Anhieb spüren, wenn Sie auf einen gut mit seinem Umfeld vernetzten Menschen treffen. Meistens haben solche Personen einen prominenten Platz im Unternehmen, wo sie genau jene Qualitäten entfalten können. Bei Lufthansa gab es viele Jahre lang einen Herrn Schmidt am Crew-Check-in. Herr Schmidt hatte immer ein offenes Ohr und wusste somit über alles und jeden Bescheid. Für viele war er zu einer vertrauten Institution geworden. Bis zu seiner Pensionierung saß er immer am selben Platz und ganze Generationen von Flugbegleitern und Piloten begrüßten ihn vor Dienstantritt und nach Dienstschluss wie ein Familienmitglied. Wenn Sie sich in Ihrer Firma umschauen, finden Sie bestimmt einen Herrn oder eine Frau Schmidt, an den bzw. an die Sie sich fürs Erste halten können.

- **Fazit**

Als Führungskraft übernehmen Sie nicht nur ein Team, sondern ein komplettes Netzwerk. Verschaffen Sie sich einen Überblick. Nutzen Sie die zusätzlichen Informationskanäle. Finden Sie die dominierenden Netzwerkpunkte. Kooperieren Sie mit Ihren informellen »Co-Leadern«, nutzen Sie deren Zugang zu Kontakten. Fördern Sie eine Netzwerkkultur in Ihrem Team, in Ihrem Unternehmen. Machen Sie Netzwerke transparent.

> Verstärken Sie gutes Networking, indem Sie es belohnen. Das heißt, loben Sie ausdrücklich Mitarbeiter, die auf Sie zukommen und anbieten, nach Informationen und Ressourcen innerhalb ihres Netzwerkes zu suchen.

Es hat schon mehr als genügend Fälle gegeben, in denen die Initiative eines Mitarbeiters mit einer Handbewegung abgetan wurde. Jemand, der auf diese Weise abgewiesen wurde, wird kein zweites Mal versuchen, seine Kontakte in die Arbeit einzubringen. Selbst wenn Sie auf das Angebot, einen Kontakt herzustellen, nicht zurückgreifen, bedanken Sie sich bitte den-

◘ Tab. 4.1 Gegenüberstellung Netzwerke

Netzwerk	Kohäsives Netzwerk	Brückennetzwerk
Merkmale	Netzwerkpartner kennen sich untereinander	Netzwerkpartner kennen sich untereinander nicht
Vorteile	Menschen vertrauen sich, fragen einander um Rat, guter Informationsfluss, Wissen um **interne** Kompetenzen und Stärken, Arbeitsteilung, Einflussnahme durch »informelle Leader«	Vereinfachter Zugang zu **externen** Bereichen, Abteilungen, Kulturen etc., Vergrößerung des Wissens- und Erfahrungspools, Kontaktmöglichkeit zu Spezialisten, Kooperationspartnern und Experten, zusätzliche Wissensgenerierung, interdisziplinärer Erfahrungsaustausch, gut, um Meinungsbild von außen zu bekommen über das eigene Team bzw. Unternehmen hinaus
Nachteile	Informationen und News sprechen sich rasch herum, es fördert Klatsch und Tratsch, Einflussnahme durch »informelle« Leader	Kontakt ist häufig personengebunden, Kontaktinhaber hat Einfluss, entscheidet wann er wen kontaktiert, gegenseitiges Wissen über Kontakte fehlt häufig
Ihr Nutzen	Wichtig, um Stimmungsbilder einzuholen, Unterstützung für Entscheidungen zu erlangen, Informationen zu verbreiten, gut für verbesserte Arbeitsorganisation	Gut für Kontakte außerhalb des eigenen Teams, Erweiterung des Informationspools, Zugang zu Spezialisten, Kontakte zu anderen Abteilungen, Bereichen, Kunden, Wettbewerbern, um externes Meinungsbild über eigenes System zu erhalten

noch, begründen Sie Ihren Verzicht und verabschieden Sie sich mit einem freundlichen »beim nächsten Mal vielleicht gern«.

4.2   Arbeitsklima

Im Folgenden geht es um das Arbeitsklima und Ihren persönlichen Einfluss darauf.

Als Führungskraft bestimmen Sie, unter welchem Arbeitsklima und unter welchen Bedingungen Ihr Team in Zukunft arbeiten wird.

Um das näher zu beleuchten, nehmen wir zunächst eine Flugzeug-crew. Die Crew trifft sich vor jedem Flug zu einer Lagebesprechung, einem sog. Briefing. Dort werden die Fakten besprochen (Wetterlage, Flugzeit, technische Besonderheiten etc.). Darüber hinaus wird jedoch auch etwas ganz anderes festgelegt: das Arbeitsklima. Je nach Größe der Airline ist es eher Zufall, ob man bereits miteinander bekannt ist. Der Kapitän und sein Stellvertreter bestimmen also, unter welchen Bedingungen die Crew miteinander arbeitet: ob die Arbeit auf kooperativem Selbstverständnis beruht, welche Erwartungen aneinander gestellt werden, wie der Umgang mit Fehlern geregelt ist und ob gegenseitiges Vertrauen besteht. **Die Stimmung an Bord wird maßgeblich vom Führungsstil beeinflusst.** Jetzt könnte man behaupten, dass dies ebenso eine Sache der Konstellation der Mitarbeiter untereinander ist. Das ist sicherlich richtig, wäre da nicht die Tatsache, dass zuweilen die Piloten innerhalb eines Umlaufes wechseln (ein Umlauf kann mehrere Tage dauern; auf Kurzstreckenflü-gen innerhalb Europas kommt es relativ häufig vor, dass es aus organi-satorischen Gründen einen Crewwechsel zwischendurch gibt). Die Ka-binencrew fliegt dann mit den ausgewechselten Cockpitkollegen weiter. Je nach Persönlichkeit des Kapitäns kann daraus ein völlig neues Arbeits-klima entstehen. Das ist nicht ungewöhnlich, denn: **Als Führungskraft produzieren Sie ein eigenes System.** Mit Ihrem Verhalten legen Sie fest, ob es sich bei dem Arbeitsklima um ein Klima des Vertrauens oder des Misstrauens handelt. Ob die Arbeit auf kooperativem Selbstverständ-nis beruht, oder ob Konkurrenz und Konflikte untereinander das Klima prägen.

Peter Senge, Managementvordenker und Systemforscher, erkannte in Versuchen, dass bereits Sechsjährige analysieren können, welches System sie mit ihrem eigenen Verhalten auf dem Spielplatz generieren: ob sie ein System voller Machtkämpfe oder ein System des Kooperierens entstehen lassen. Er wies darauf hin, dass **es eine entscheidende Angelegenheit ist, in welchem System wir arbeiten und leben. Weil wir unbewusst oder bewusst davon beeinflusst werden.**

In folgender Tabelle finden Sie einen Gegenüberstellung von Merkma-len, die a) ein Misstrauensklima und b) ein Arbeitsklima kennzeichnen, das auf Vertrauen beruht:

Folgendes Verhalten einer Führungskraft ist entscheidend, damit Ver-trauen entstehen kann:

- **Präsenz** zeigen: Im Kapitel zur Selbstführung haben Sie erfahren, wie wichtig Körpersprache ist, um von anderen wahrgenommen zu werden. Ganz besonders sind eine offene, freundliche, zugewandte Körperhaltung, Blickkontakt und Erreichbarkeit wichtige Bedin-gungen für Vertrauen.

◘ Tab. 4.2 Wie beeinflussen Misstrauen bzw. Vertrauen das Arbeitsklima?

Bestehendes Arbeitsklima	Misstrauen	Vertrauen
Merkmale	Stockende Kommunikation durch Vorenthalten von Informationen oder bewusste Fehlinformation	Flüssige Kommunikation
	Mangelnde Kooperation: Missachtung von Regeln, Aufstellen eigener Regeln, fehlende gegenseitige Unterstützung, Revierverhalten	Gute Feedbackkultur
	Häufung von destruktiven Konflikten, im Konfliktfall Passivität oder übertriebene Konfrontation	Zielorientierte Arbeitsweise
	Geringe Loyalität gegenüber dem Vorgesetzten	Konstruktive Konfliktlösung
		Lösungsorientierung
		Ausschöpfung von individuellen Ressourcen und Entwicklungspotentialen
		Hohe Loyalität gegenüber dem Vorgesetzten

▬ **Kompetenz**: Dies ist das A und O der Führung. Ohne Kompetenz werden Sie kein Vertrauen gewinnen. Das bedeutet nicht, dass Sie alles wissen müssen. Aber Sie sollten wissen, was Sie nicht wissen und wo Sie sich die notwendigen Informationen beschaffen können. Ihre Entscheidungen sollten fachlich gut begründet und nachvollziehbar sein.

▬ **Verbindlichkeit**: Zusagen, die Sie machen, sollten Sie auch einhalten. Sichern Sie z. B. Ihren Mitarbeitern Unterstützung und Rückendeckung zu, so sollten Sie in Situationen, in denen das gefordert ist, Ihrer Zusage entsprechend handeln.

▬ **Vorbild** sein: Eine Führungskraft, der man vertraut, ist immer auch ein gewisses Vorbild für Mitarbeiter. Dessen sollten Sie sich bewusst sein. Ihre Gedanken und Ihr Verhalten sollten andere inspirieren.

Daher ist es wichtig, positive, (lösungsorientierte) Gedanken zu haben und ein positives Verhalten zu zeigen.

▬ **Teamgeist** fördern: Jeder Mitarbeiter sollte entsprechend seinen Stärken einen besonderen Platz im Team zugewiesen bekommen. Allerdings ist es auch wichtig, auf die Kooperation der Mitarbeiter untereinander Wert zu legen und z. B. gegenseitigen Respekt und Rücksichtnahme zu fördern.

Als ich die Choreographin Nanine Linning einen Tag lang während der Proben begleitet habe, sind mir zwei Sachen besonders aufgefallen: Zum einen bestand in dem Team eine unglaublich konzentrierte, fokussierte Arbeitsatmosphäre. Zum anderen schienen die Tänzer untereinander sehr verbunden und rücksichtsvoll. Als ich auf diesen Fakt später im Interview zurückkam, lautete die Erklärung, dass jeder im Team dazu aufgefordert sei, sich Gedanken zu machen, was er der Gruppe geben kann. Jeder sollte einen Beitrag leisten, um die Energie im Team positiv zu halten. Das kann ein selbstgemachter Salat sein, den jemand mitbringt, eine unterstützende Geste oder einfach gute Laune. Hauptsache ist, dass sich jeder im Klaren ist, dass er Einfluss auf die anderen Teammitglieder nimmt und dass die Erwartung an ihn besteht, dem Kollektiv etwas Positives zu geben (das Interview zum Nachlesen finden Sie im Angang des Buches, ein mp3-File zum Anhören auf http://extras.springer.com).

Das braucht nicht so weit zu gehen, dass eigene Bedürfnisse vollständig hinter denen des Teams zurückstehen. Doch das Bewusstsein, dass individuelle Befindlichkeiten Einfluss auf die Gruppe nehmen und letztendlich auch die kollektiven Energiereserven angreifen können, sollte unbedingt vorhanden sein. Jeder kann mal einen schlechten Tag haben. Jedoch kennt mit Sicherheit jeder von uns jemanden, der dauerhaft schlechte Tage zu haben scheint, und jeder weiß, wie sehr das Arbeitsklima darunter leiden kann.

❯❯ Es ist eine Einstellungsfrage, ob sich der Einzelne für das Team als Ganzes verantwortlich fühlt. Als Führungskraft können Sie diese Einstellung aktiv fördern, z. B. indem Sie Ihre Mitarbeiter explizit dazu auffordern, dabei zu helfen, das Arbeitsklima positiv zu gestalten.

Ebenso können Sie die Forderung an Ihre Mitarbeiter stellen, sich gegenseitig zu unterstützen. Loben Sie unterstützendes Verhalten, machen Sie deutlich, dass jeder dem anderen etwas zu geben hat, sei es ein Lächeln, fachliche Anleitung oder die Weitergabe von Erfahrung.

■ **Fazit**

Auch wenn viele Dinge in Ihrem System, in Ihrem Setting fest geregelt sind, gibt es doch wesentliche Dinge, die Sie persönlich beeinflussen können. Sie haben es in der Hand, eine Arbeitsatmosphäre zu schaffen, Sie können Prozesse optimieren, Wege verkürzen, Zeit sparen, Ressourcen optimieren. Allein in Ihrer Vorbildfunktion liefern Sie den entscheidenden Input, welche Möglichkeiten von Ihrem Team ausgeschöpft werden. Als Führungskraft inspirieren Sie Menschen, Sie bestimmen das Arbeitsklima und Sie gehen mit Beispiel voran, wenn es um die Arbeitseinstellung geht. **Durch Ihre Person, aber auch durch die Normen und Ziele, die Sie aufstellen, formen Sie Ihr System und setzten Sie die Rahmenbedingungen für Ihr Team.**

Fragen, die Sie sich stellen sollten
- Wie ist Ihr Setting?
- Wie werden Ihre Mitarbeiter davon beeinflusst?
- Wie werden Sie selbst von dem Setting beeinflusst?
- Welches System produzieren Sie als Führungskraft mit Ihrer Art und Weise zu denken, zu handeln und zu führen?

4.3 Gestaltung eines leistungsförderlichen Settings

Leistung wird von Ihnen erwartet. Sie erwarten Leistung von Ihrem Team. Unangefochten sind dazu Know-how und Motivation des Einzelnen notwendig. Entscheidend für das Zustandekommen von Leistungen ist darüber hinaus ein leistungsförderliches Umfeld. Denn die Umgebungsvariablen bestimmen, ob das Know-how und die Motivation des Einzelnen tatsächlich zur Anwendung kommen. Um dies sicherzustellen, ist es erforderlich, das Setting auf folgende Punkte hin zu untersuchen:

Eine Schlüsselbedingung ist, dass die Arbeitsaufgaben zu den Fähigkeiten und Talenten des Mitarbeiters passen.

Bestimmt kennen Sie das aus eigener Erfahrung: Sie machen eine Tätigkeit, die Ihre volle Konzentration fordert und bei der Sie so etwas wie ein Glücksgefühl empfinden. Dieses Gefühl und der damit verbundene Schaffensrausch nennt sich Flow und ist vermutlich so alt wie die Menschheitsgeschichte. Erstmals beschrieben wurde es in dieser Form 1975 von dem Psychologen M. Csíkszentmihályi. Das Schöne bei diesem Flow ist, dass die Energie, die zur Verrichtung der Tätigkeit notwendig ist, scheinbar unerschöpflich fließt. Die Tätigkeit wird positiv bewertet und stiftet Zufriedenheit. Damit dies der Fall ist, muss die Aufgabe zwar als herausfordernd, aber auch als lösbar empfunden werden. Sie muss also einen ganz bestimmten

Punkt zwischen Unterforderung und Überforderung treffen. Wann eine Aufgabe als lösbar und wann als unlösbar empfunden wird, ist eine höchst individuelle Angelegenheit. Manch einer kann beispielsweise gut mit anderen Menschen, ein anderer findet alles Zwischenmenschliche in erster Linie anstrengend, kann dafür gut mit Zahlen. Während der kommunikative Typ großes soziales Gespür besitzt, hat der Zahlenmensch die Ausdauer, sich stundenlang über Tabellen zu beugen. Eines haben beide Charaktere jedoch gemeinsam: Flow erleben sie nur dann, wenn sie Aufgaben entsprechend ihrer Vorlieben ausführen dürfen. Wo es dem kommunikativen Typ gelingt, mühelos eine Veranstaltung mit vierhundert Personen zu betreuen, kann der Zahlenmensch die erforderlichen Buchungen hierfür koordinieren – und dabei Zufriedenheit empfinden. Allein an diesem Beispiel zeigt sich, wie wichtig es ist, mit seinen Mitarbeitern zu kommunizieren. Denn:

▸▸ **Erst wenn Sie die Stärken und Vorlieben Ihrer Mitarbeiter kennen, können Sie auch die richtigen Aufgaben zuweisen.**

▸▸ **Arbeiten oder Tätigkeiten allgemein, die im Flow verrichtet werden, bringen nicht nur mehr Spaß und bessere Resultate, sie haben auch eine gesundheitsförderliche Wirkung auf das Herz-Kreislauf-System. Das bedeutet: Arbeit kann Gesundheit erhalten und Energie bringen. Sorgfältiges strategisches Management kann somit viel zur Gesundheit und damit zur Effizienz eines jeden Mitarbeiters beitragen.**

Zweite Schlüsselbedingung ist, dass barrierefreies Arbeiten möglich ist. Barrieren können beispielsweise sein:

- administrative Hindernisse,
- überflüssige Wege,
- vorhandene ebenso wie gänzlich fehlende Hierarchien,
- unklare Arbeitsanweisungen,
- fehlende Strukturierung von Aufgaben,
- mangelnde technische Ausstattung des Arbeitsplatzes,
- schlechte Erreichbarkeit von Ansprechpartnern,
- unklare Rollenverteilung und überflüssige Informationswege,
- ein hoher Zeitaufwand für die Entscheidungsfindung,
- zeitraubende Dokumentation von Arbeitsprozessen ebenso wie
- ungenügendes Wissens- und Informationsmanagement.

Die Liste ließe sich beliebig fortsetzen. Barrieren führen dazu, dass Arbeit zeitaufwendiger wird, Wege sich verlängern und sich der Energieaufwand vergrößert.

Umgekehrt führt eine Optimierung der Arbeitsorganisation in Bezug auf Zeitaufwand, Arbeitswege und Energieverbrauch zu einer Verbesserung der Leistungsfähigkeit des Einzelnen.

Beispiel

Stellen Sie sich vor, es gäbe einen Wettbewerb zwischen mehreren Teams in Form eines Berglaufes. Das Ziel lautet: »Den Gipfel gemeinsam als erstes Team erreichen«. Es ist unwahrscheinlich, dass Sie unvorbereitet an den Start gehen. Bevor Sie loslaufen, werden Sie einen Plan machen. Einer der Punkte sollte sein, herauszufinden, welche Wege es gibt. Weiterhin, welches der kürzeste, leicht begehbare Weg ist – jene Strecke also, die Sie in der kürzesten Zeit zurücklegen können. Dann schauen Sie sich Ihr Team an. Die Qualitäten der Einzelnen müssen ausgelotet werden. Das Team soll ja als Ganzes oben ankommen. Wie gut ist die Fitness der Einzelnen? Wer kann wen unterstützen und in welcher Weise könnte dies geschehen? Vielleicht bilden Sie Zweiergruppen, die sich gegenseitig motivieren. Weiterhin können Sie Kraftreserven der Einzelnen stärken, indem Sie sich körperlich stärken, auf die richtige Ernährung achten, versuchen, mit wenig Gepäck auszukommen. Auch werden Sie versuchen, durch mentale Vorbereitung Reserven zu mobilisieren. Ohne sich darüber im Klaren zu sein, würden Sie genau jene Parameter in der Vorbereitung durchleuchten, die für das Zustandekommen von Leistung ausschlaggebend sind: Weg, Zeit und Kraft.

Als Führungskraft, die Ihre eigene Leistung und die des Teams verbessern möchte, sollten Sie diese drei Parameter sorgfältig unter die Lupe nehmen. Es sind Stellschrauben, mit denen sich Leistungen optimieren lassen (🖸 Abb. 4.4).

Ein **wichtiger Grundsatz** sei an dieser Stelle vorweggenommen:

Die drei Parameter der Leistungsfähigkeit Weg, Zeit und Kraft sind voneinander abhängig. Jede Maßnahme, die an einem einzelnen Parameter erprobt wird, hat zugleich Auswirkungen auf die beiden anderen. Wenn in der Summe die Leistungsfähigkeit gesteigert werden soll, muss es folglich Aufgabe sein, die Parameter optimal aufeinander abzustimmen.

4.3.1 Kaizen

Vielleicht sind Sie unsicher, wie Sie bei der Optimierung dieser drei Parameter vorgehen sollen. Fangen Sie mit kleinen Schritten an! Viele kleine Verbesserungen, die in die Tat umgesetzt werden, bringen oft mehr als die Suche nach dem großen Hebel. Es geht um das Bewusstsein und die Einstellung, Dinge nicht als gegeben hinzunehmen. Bei allem gibt es eine Möglich-

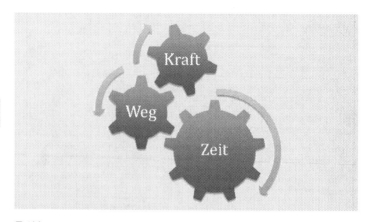

◘ **Abb. 4.4** Leistungsparameter

keit zur Verbesserung – sei es nur ein Formular, das besser platziert, leichter für Mitarbeiter zugänglich ist. Oder eine Kiste Wasser im Besprechungszimmer, ein Durchlüften für frische Energie. Oder einen Input für eine vereinfachte Arbeitshandlung. **Ermuntern Sie Mitarbeiter, sich gegenseitig Tricks und Tipps zu verraten, um Arbeitsschritte zu erleichtern.** Geben Sie Anerkennung und Feedback. Loben Sie kleine Schritte – nach der japanischen Philosophie »Kaizen« sind sie es oft, die zu einer stetigen Verbesserung beitragen (Kai = Wandel; Zen = zum Besseren). Als der Automobilhersteller Toyota diese Philosophie erstmals in die Managementwelt trug, lautete die Botschaft, dass jeder Mitarbeiter den Wandel zum Besseren herbeiführen kann und dass jeder noch so kleine Schritt Bedeutung hat. Diese Erkenntnis hat sich in der Managementwelt rasch verbreitet und dort, wo sie anzutreffen ist, sind Unternehmen besonders agil und innovativ.

4.3.2   Optimierung des Parameters Weg

Wann haben Sie zuletzt etwas gesucht – und nicht gefunden? Oder erst nach mehrmaligem Hin-und-her-Räumen gefunden? Haben Sie schon mehrfach versucht einen Kollegen zu erreichen, der sich als Einziger in einer bestimmten Sache auskannte, jedoch leider auf Dienstreise oder im Urlaub war? Wann haben Sie zuletzt mehrere Anläufe gebraucht, um einen Ansprechpartner zu finden? Haben Ihnen schon mal Materialien am Arbeitsplatz gefehlt, die eigentlich hätten da sein sollen? Hatten Sie schon einmal das Gefühl, zu einem Meeting angereist zu sein, das man locker durch ein Telefonat hätte ersetzen können? Haben Sie schon mal Himmel und Hölle in Bewegung gesetzt, um eine Information zu bekommen, die Sie, wie sich herausstellte, letztendlich durch eine einfache gezielte Frage bekommen hätten?

Falls diese Fragen eine innere Unruhe in Ihnen hervorrufen, liegt das möglicherweise daran, dass Sie sofort wissen, dass die meisten dieser Dinge v. a. eines sind: vermeidbar.

Stellen Sie sich einen Feuerwehrmann vor, der erst auf den Kollegen warten muss, um einen Brandherd zu löschen, weil ihm selbst die Kompetenz dazu fehlt. Oder der seine Materialien erst zusammensuchen muss, bevor er mit seiner Arbeit loslegen kann. Sie ahnen schon, wie schief das gehen kann. Es ist kein Zufall, dass in Hochleistungsteams, z. B. bei der Feuerwehr, der Polizei und im Rettungsdienst, alles dafür getan wird, schnell und auf kürzestem Wege zu agieren. Dort wird darauf geachtet, dass beispielsweise

- Kompetenzen gleich verteilt sind,
- Verantwortlichkeiten klar geregelt sind,
- Materialien einsatzbereit an der vorgesehenen Stelle liegen,
- jeder Handgriff geplant ist,
- die Arbeitsplätze aufgeräumt sind und frei von überflüssigem Ballast und
- Abläufe allen bekannt sind und der Reihenfolge entsprechend aufeinander aufbauen.

Etliche Wege am Arbeitsplatz sind administrativer Natur und daher völlig überflüssig. Wer um an ein einzelnes Formular zu kommen unverhältnismäßig lange Wege auf sich nehmen muss, wird nicht nur im Stillen fluchen, sondern auch von seinem eigentlichen Fokus abgelenkt. Wer für einen Gebrauchsgegenstand seinen Platz verlassen muss, verliert Zeit, Energie und Aufmerksamkeit. Das gilt für einen Chirurgen ebenso wie für einen Handwerker oder einen Büroangestellten. Sie müssen sich von Neuem konzentrieren, wenn sie zurückkehren. Manchmal helfen schon **besser platzierte Arbeitsmittel**, um solche überflüssigen Wege zu verringern, manchmal ist es sinnvoll, in die Arbeitsplanung einzugreifen und dort Veränderungen herbeizuführen. In Produktionsstätten ist es beispielsweise üblich, dass Arbeitsschritte aufeinander aufbauen. Sobald sich allerdings ein Verfahren ändert und ein zusätzlicher Arbeitsschritt notwendig wird, gerät der Ablauf ins Stocken.

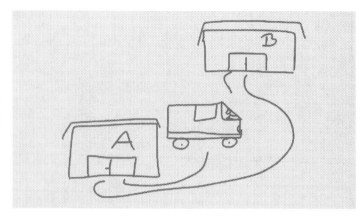

◗ **Abb. 4.5** Überflüssige Wege

Beispiel

Ein Hersteller für Medizinprodukte, dessen Produktionsstätte zu klein geworden ist, expandiert. Er errichtet eine zweite Produktionsstätte in geringer Distanz von 1 km. Fortan gibt es also zwei Produktionsstätten A und B. Die Verwaltung bleibt in Gebäude A. Teilmengen von Produktion A werden in Produktion
B gebraucht. Um die Schnittmenge zu transportieren, wird extra ein Firmen-
transporter gekauft, der zwischen beiden Werkstätten hin und her pendelt und
auf eine Kilometerleistung von 6 000 km im Jahr kommt (◗ Abb. 4.5).
Fällt Ihnen eine Lösung ein?
Möglicherweise besteht sie darin, die Verwaltung in dem benachbarten
Gebäude unterzubringen und die Produktionen zusammenzulegen.

Was von außen betrachtet simpel erscheint, ist für die Betroffenen oft kom-
plizierter.

Ein Problem ist die natürliche Tendenz, dass wir Entscheidungen, die
wir einmal getroffen haben, unter allen Umständen aufrechterhalten wollen. Anstatt zum Ausgangspunkt zurückzukehren und von Neuem zu überlegen, bauen wir lieber zusätzliche Wege ein. Das ist wie mit dem Regal, das
Sie sich kaufen, um möglichst viel Stauraum zu gewinnen. Sie räumen es
ein, mit einem ganz bestimmten, ausgeklügelten System. Dann stellen Sie
irgendwann fest, dass Sie Dinge, die Sie ganz oben verstaut haben, doch
häufiger brauchen. Anstatt jedoch in den unteren Regalböden Platz zu
schaffen, legen Sie sich lieber eine Leiter zu, um die oberen Regalböden
besser zu erreichen. Manchmal sind wir leider etwas blind, wenn es darum
geht, einfache Lösungen zu finden oder auf Gewohnheiten zu verzichten.

Laura und Lasse wohnen in einer großzügig geschnittenen Altbauwohnung im dritten Stock. Das Badezimmer ist eher klein, hätte aber Raum für eine Waschmaschine. Das Paar mag lieber Platz im Bad und beschließt aus diesem Grund, die Waschmaschine im Keller unterzubringen. Das war vor fünf Jahren. Inzwischen haben die beiden zwei Kinder. Die Waschmaschine läuft nahezu ununterbrochen. Die tägliche Frage lautet, wer die Wäsche hochholt bzw. runterbringt, bzw. wer wann vergessen hat, sie hochzuholen oder runterzubringen. Ein Freund brachte die beiden schließlich auf die Idee, die Waschmaschine in die Küche zu stellen. Die beiden waren verblüfft, dass sie nicht selbst darauf gekommen waren. Sie hatten gar nicht darüber nachgedacht, ihre Entscheidung zu überdenken, auch wenn die Situation inzwischen eine andere war. Zuweilen braucht es eben erst einen Input von außen, um praktische Lösungen zu erkennen.

Es ist kein Zufall, dass sich in etlichen großen Firmen ein Trend abzeichnet, so viele Annehmlichkeiten wie möglich für die Mitarbeiter an Ort und Stelle einzurichten. Angefangen vom Wäscheservice über Sport- und Freizeitmöglichkeiten, Kindergärten, Hundetagesstätten, Einkaufsmärkte bis hin zu diversen Wellness-Angeboten: Wer die Dinge des täglichen Gebrauchs vor Ort vorfindet, braucht keine überflüssigen Wege in Kauf zu nehmen, muss seltener eine halbe Stunde früher Feierabend machen, um am anderen Ende der Stadt einen Anzug von der Reinigung abzuholen oder einen Zahnarzttermin wahrzunehmen. Solche Dinge können dann schon mal in der Pause zwischendurch erledigt werden.

Doch selbst wenn Sie einen Arbeitgeber haben, der Ihnen das Leben mit diesen Dingen so angenehm wie möglich zu machen versucht, gibt es noch zahlreiche Wege am Arbeitsplatz, die Sie persönlich verbessern könnten.

> **Sorgen Sie dafür, dass alle notwendigen Materialien in Reichweite liegen. Vermeiden Sie Hindernisse wie überfüllte Schreibtische, Schubladen oder nie gebrauchte Gegenstände. Erhöhen Sie die Erreichbarkeit von Ansprechpartnern, allen voran Ihre eigene Erreichbarkeit als Führungskraft. Indem Sie klar stellen, wann Sie wo und für wen erreichbar sind, ersparen Sie Ihren Mitarbeitern vergebliche Wege. Gleiches gilt für Verantwortlichkeiten: Indem Sie diese delegieren und jedem Mitarbeiter klare Aufgaben und Kompetenzbereiche zuweisen, verkürzen Sie Kommunikationswege.**

Ein letzter, jedoch gewichtiger Faktor in Bezug auf Wege sind Dienstreisen. Es lohnt sich, immer wieder abzuwägen, welche Vorteile es für die einzelne Reise bringt und ob sich Reisen und Termine, evtl. miteinander kombinieren lassen.

> Etliche Wege sind künstliche Hindernisse, sei es räumlicher oder administrativer Natur. Exakt solche Wege zu identifizieren, bedeutet Einsparung von Zeit und Energie und kommt am Ende der Leistung zugute.

4.3.3 Optimierung des Parameters Zeit

Zeit ist eine Ressource, die Ihnen als Führungskraft in der Regel zu knapp bemessen scheint. Die erste Notwendigkeit ist es, stille **Zeitreserven** zu finden. Zeiten also, in denen Sie ungestört Ihre Arbeit verrichten können. Das kann am frühen Morgen sein oder am späten Nachmittag, auf Bahnfahrten oder zu Hause, sofern das natürlich im Rahmen bleibt. Oft ist es deutlich effektiver, ungestört eine halbe Stunde zu arbeiten, als zwei Stunden mit Unterbrechungen. Die Zeit, die Sie hierdurch gewinnen, können Sie besser nutzen, um Sport zu treiben, Freunde zu treffen oder ein Buch zu lesen.

Ein nicht zu unterschätzender Zeiträuber ist der **Weg zur Arbeit** hin und von der Arbeit nach Hause. Falls Sie für den neuen Job als Führungskraft den Wohnort wechseln, tun Sie gut daran, sich eine Wohnung in moderater Nähe zum Arbeitsplatz zu suchen oder zumindest mit guten Anschlussmöglichkeiten an den örtlichen Nahverkehr. Wenn das nicht möglich ist oder Sie Ihren Wohnort nicht wechseln möchten, dann empfiehlt es sich, den Arbeitsbeginn und den Feierabend so zu legen, dass Sie die tägliche Rushhour umgehen. Selbst wenn es nur zehn Minuten sind, die Sie hierdurch gewinnen: Bei zwei Fahrten täglich an fünf Wochentagen macht das immerhin einhundert Minuten. Beinahe zwei Stunden, die Sie jede Woche hinzugewinnen können, indem Sie etwas Lästiges wie Stau vermeiden.

Das Gleiche gilt für **Besprechungen**. Viele Besprechungen laufen ab einem gewissen Zeitpunkt ins Leere. Anstatt einen Punkt zu setzen, lassen die Verantwortlichen das Meeting auslaufen. Um dann wieder in Schwung zu kommen, braucht es schon mal einen starken Kaffee. Umgekehrt gibt es diese hochproduktiven Meetings, nach denen jeder weiß, was er zu tun hat, und sich sofort an die Arbeit machen möchte. Wäre da nicht der ritualisierte gemeinsame »Kaffee danach« am Automaten, Small Talk eingeschlossen, mit dem sich binnen weniger Minuten das Energielevel wieder auf einen Durchschnittswert einpendelt. Ein Fußballtrainer, der seine Mannschaft auf die Strategie für die nächste Halbzeit eingeschworen, also sämtliche mentalen Kräfte auf ein Ziel hin fokussiert hat, schickt seine Spieler ohne Umwege raus auf den Platz.

Um Missverständnissen gleich vorzubeugen: **Pausen** sind wichtig und notwendig. An der richtigen Stelle wirkt eine Pause Wunder. Das Denken wird in eine andere Richtung gelenkt und bekommt den vielleicht entscheidenden neuen Impuls. Wenn aber der Kopf gerade voller Impulse ist und die Richtung geklärt wurde, dann bewirkt eine Pause genau das Gegenteil. Es verstreichen Minuten, bis der gewünschte Fokus wieder hergestellt wurde. Gleiches gilt für **Unterbrechungen**. Mitarbeiter, die es sich zur Gewohnheit gemacht haben, quer über alle Tische hinweg Informationen auszutauschen, unterbrechen damit den Gedankenfluss der Kollegen, die ihre verlorene Konzentration daraufhin von Neuem herstellen müssen.

Eine weitere Zeitfalle ist das **Internet**. Während der rein technische Aspekt des Internets für enorme Leistungsfähigkeit steht (schnelle Datenübertragung auf kürzestem Weg mit geringem Aufwand), kann je nach Gewohnheit die Handhabung im Einzelfall sehr zeitintensiv sein. Es gehört Disziplin dazu, sich nicht ablenken zu lassen. Der Schriftsteller Jonathan Franzen beispielsweise besitzt einen Arbeitscomputer ohne Internetzugang. Nachrichten, Foren, Spiele: Das alles würde ihn davon abhalten, sich zu konzentrieren. Daher zieht er es vor, in einem festgelegten Zeitrahmen effizient zu arbeiten. Davon können viele Arbeitnehmer nur träumen. Die meisten sehen eine tägliche Flut von E-Mails über sich hereinbrechen. Dabei sind viele Mails schlichtweg überflüssiger Natur.

Die Teamleiterin eines Planungsbüros beschwerte sich, dass ihr Vorgesetzter beständig per Mail über den Stand von Projekten informiert werden wollte, auch wenn es sich um längst besprochene Dinge handelte. Die vielen kleinen Rückfragen führten dazu, dass sie kaum noch Zeit fand, sich auf ihre eigentliche Tätigkeit zu konzentrieren. Kurzerhand führte sie Projektpläne ein, auf denen die Mitarbeiter den Status der einzelnen Arbeitsschritte eintragen sollten. Die Pläne waren für ihren Vorgesetzten jederzeit einsehbar. So konnte er sich direkt mit Mitarbeitern in Verbindung setzen und offene Fragen klären. Das klingt recht simpel, reduzierte jedoch deutlich die Rückfragen. Manchmal braucht es Erfindungsreichtum, um Zeitfallen zu verringern. Sehr oft sind es jedoch einfache Strategien, die große Wirkung zeigen. Der Gewinn einer solchen Einsparung liegt auf der Hand: höhere Arbeitsqualität, mehr Freizeit, Zufriedenheit.

> **Identifizieren Sie Zeitfallen. Finden Sie Gegenmaßnahmen. Machen Sie jedoch nicht den Fehler, Ihren Mitarbeitern in der freigewordenen Zeit zusätzliche Arbeit aufzubürden, sondern beurteilen Sie die Leistungen Ihrer Mitarbeiter nach Ergebnissen, unabhängig wie viel Zeit sie dafür in Anspruch genommen haben.**

Sprechen Sie gemeinsam mit Ihrem Mitarbeiter ab, welche Ziele erreicht werden sollen und wie sich Rahmenbedingungen verbessern lassen, um diese Ziele zu erreichen. Lassen Sie es sich und Ihren Mitarbeitern zur Gewohnheit werden, Zeitfallen zu verringern.

4.3.4   Optimierung des Parameters Kraft

Mit Kraft ist der Energieaufwand gemeint, der nötig ist, um eine Arbeit zu verrichten. Es gibt Arbeiten, die einen hohen Einsatz an Energie erfordern, z. B. körperlich intensive Arbeit, ungewohnte, neue, aufmerksamkeitsintensive Tätigkeiten. Andere Arbeiten wiederum gehen leicht von der Hand. Der Vorteil aufmerksamkeitsintensiver Arbeiten ist, dass sie keine Ablenkung während ihrer Verrichtung dulden. Bei leichteren Arbeiten besteht die Gefahr der Ablenkung schon eher, denn nebenher lassen sich eine Menge anderer Dinge tun. Ein Mitarbeiter, der mehr Energie übrig hat als die, die er für die tägliche Arbeit beansprucht, sucht sich möglicherweise einen anderen Fokus, auf den er seine Aufmerksamkeit richten kann. Er betreut evtl. parallel private Projekte oder er schaut sich um, was die Kollegen so machen. Unterforderung ist eine große Gefahr für die Aufrechterhaltung der Motivation eines Mitarbeiters. Wichtig ist in diesem Fall, den Fokus darauf zu lenken, wie sich die eigene Arbeit verbessern lässt. In diesen Fällen braucht es hin und wieder die inspirierenden Worte eines Vorgesetzten, also von Ihnen. Fallen Ihnen Mitarbeiter auf, die augenscheinlich zu viel freie Kapazität haben, dann besprechen Sie gemeinsam Möglichkeiten, diese zu reduzieren, indem z. B. der Aufgabenbereich oder Verantwortungsbereich vergrößert wird. Andernfalls besteht die Gefahr von dysfunktionalen Konflikten. Diese haben den Nachteil, dass sie nicht nur Aufmerksamkeit binden, sondern auch kräftezehrend sein können.

> **❯❯** Echte Energiekiller sind dysfunktionale Konflikte, Mobbing
> und dergleichen.

Dysfunktionale Konflikte binden Zeit und Aufmerksamkeit und rauben den Betroffenen eine Menge Energie. Das ist Energie, die am Ende fehlt, um Leistung zu erbringen. Eine Zeitlang vermag ein Mensch der Belastung durch Konflikte standhalten, irgendwann kollabiert jedoch der Körper. Die Energiereserven sind aufgebraucht. Ähnlich ergeht es Mitarbeitern, die über lange Zeit hinweg Überstunden absolvieren, rund um die Uhr erreichbar sind und mehrere Projekte parallel betreuen. Bei ihnen liegt also das Gegenteil von Unterforderung vor – und zwar Überforderung. Überforderung kann auch dort entstehen, wo die Aufgabenstruktur nicht zu den Fähigkeiten des Mitarbeiters passt. Wo sich Schwierigkeiten abzeichnen, die gestellten Anforderungen zu erfüllen. Oder dort, wo sich ohne Pause ein Projekt an das nächste reiht. Das Resultat ist das gleiche. Der Mitarbeiter gerät in Stress. Und dieser ist kräftezehrend. Energie ist folglich ein kostbares Gut. **Menschen stecken Lebensenergie in ihre Arbeit. Daher sollte die Arbeit auch etwas sein, das Energie zurückgibt.** Einen regelrechten Energieschub bekommen Mitarbeiter, die Anerkennung für eine erbrachte Leistung erfahren. Bleibt diese Anerkennung aus, sinkt das Energielevel deutlich ab. **Leistung braucht Feedback.** Leistung braucht allerdings auch Wertschätzung und ein positives Klima im Team. An dieser Stelle sind Sie als Führungskraft stark gefragt.

- Stellen Sie ein positives Arbeitsklima her. Fordern Sie Mitarbeiter dazu auf, das Gleiche zu tun.
- Loben Sie Ihre Mitarbeiter für ihre Leistungen.
- Vermeiden Sie Unterforderung.
- Vermeiden Sie Überforderung.
- Achten Sie auf ausreichende Pausen.
- Geben Sie Ihren Mitarbeitern nach kräftezehrenden Projekten zusätzliche Auszeiten.
- Sorgen Sie für einen Energieschub zwischendurch, lüften Sie die Räume, erzählen Sie eine nette Anekdote, haben Sie Spaß, verwirklichen Sie Ihre Ziele, ermöglichen Sie Ihren Mitarbeitern dasselbe.

Die Rahmenbedingungen oder das Setting lassen sich in der Form gestalten, dass die Parameter Weg, Zeit und Kraft ökonomisch in Einklang gebracht werden. Einen Auszug aus den Möglichkeiten finden Sie in nachfolgender Tabelle:

4.4   Zusammenfassung

Ihr Arbeitsumfeld, das Setting, hat einen erheblichen Einfluss auf Ihre Leistungsfähigkeit und die Ihres Teams. In der Regel stehen viele Parameter des Settings fest. Dennoch gibt es Spielräume für Sie und Ihr Team. Ein wesentlicher Faktor in dem Setting ist das Arbeitsklima. Sie als Führungskraft haben erheblichen Einfluss darauf, ob es sich innerhalb Ihres Teams um ein Misstrauensklima oder ein Klima des gegenseitigen Vertrauens handelt. Im Fall des gegenseitigen Vertrauens kooperieren Ihre Mitarbeiter miteinander, der Informationsfluss ist flüssig und es besteht die Motivation, auf ein gemeinsames Ziel hinzuarbeiten. Der Vorteil von Vertrauen ist darüber hinaus, dass Feedback und Absprachen ehrlicher und offener stattfinden. Möchten Sie die Bedingungen innerhalb Ihres Settings positiv verändern, sind Sie auf das ehrliche Feedback und Vorschläge Ihrer Mitarbeiter angewiesen. Veränderungen können in Bezug auf Arbeitszeiten, Arbeitswege und Kraftaufwand stattfinden. Durch verbesserte Abstimmung dieser drei Parameter lässt sich die Leistungsfähigkeit erhöhen. Ein Bestandteil des Settings, auf den Sie ein besonderes Augenmerk legen sollten, sind Netzwerke. Besonders, da Arbeitsprozesse hiervon beeinflusst werden können.

◘ Tab. 4.3 Regulationsmöglichkeiten von Leistungsparametern

Parameter	Regulierung durch
Weg	Verkürzung von Kommunikationswegen, Verbesserung der Erreichbarkeit aller Ansprechpartner, Optimierung des Arbeitsplatzes, Abbau administrativer Hürden, Verringerung von Hierarchien, Erreichbarkeit von Entscheidungsträgern, Delegieren von Verantwortlichkeit, regelmäßige Absprachen, klare Aufgabenverteilung, standardisierte Abläufe
Zeit	Identifizieren von Zeitfallen, ökonomischer Umgang mit Arbeitszeit und Pausen, feste Zeitrahmen für Meetings und Absprachen, ergebnisorientierte Debatten, Zielklarheit, Wissenserwerb und Training manueller Fertigkeiten, Fehleraufarbeitung, ergebnisorientierte Leistungsbewertung, Orientierung an Stärken, richtiges Recruitment – für jeden Mitarbeiter die richtige Aufgabe, reibungslose Abläufe, systematische Auftragsbearbeitung, schnelle Erreichbarkeit für Kunden und Mitarbeiter, schnelle Datenverarbeitung
Kraft	Gute Teamarbeit, gute Führung, gezielte Kommunikation, Kenntnis im Umgang mit Arbeitsgeräten, gute Passung von Fähigkeiten des Mitarbeiters und Arbeitsaufgabe, Ausbau von Energiereserven, moderne Technologien, Verbesserung von Prozessen, reibungslose Abläufe, Minimierung dysfunktionaler Konflikte, stattdessen gezielte Förderung von Gesundheit, Wohlbefinden und Arbeitszufriedenheit

Checkliste für neue Führungskräfte

Informieren	Informieren Sie Ihr Team und holen Sie sich Informationen ein über das Team, die Vorgesetzten und Ansprechpartner in benachbarten Abteilungen.
Networken	Nutzen Sie Netzwerke, um sich ein Stimmungsbild zu machen und um Ihre Position im Netzwerk zu verankern, finden Sie einen einflussreichen Vertrauten, kooperieren Sie mit »informellen Co-Leadern«.
Ressourcen optimieren	Achten Sie bei der Planung Ihres neuen Arbeitsplatzes auf die Ressourcen Zeit, Wege und Energiebedarf, stimmen sie ggf. Ihre privaten Wege darauf ab. Machen Sie sich Tages- und Wochenpläne, achten Sie auf ausreichend Freizeit, gerade zu Beginn einer neuen Tätigkeit besteht die Gefahr, zu viel Zeit am Arbeitsplatz zu verbringen, finden Sie gezielt zeitintensive Faktoren und Lösungen, um diese zu minimieren.
Setting erkunden	Schauen Sie sich Arbeitswege und Arbeitsprozesse an, den Aufbau der Organisation, Hierarchien, die Umgebung des Arbeitsplatzes: Wo können Sie in der Mittagspause frische Energie tanken, nach Feierabend rasch Einkäufe erledigen, eine Runde Sport treiben?
Vertrauen schaffen	Führen Sie persönliche Gespräche, zeigen Sie Interesse an Ihren Mitarbeitern, finden Sie Stärken heraus und fragen Sie nach den individuellen Erwartungen und Leistungszielen, geben Sie Ihren Mitarbeitern die Möglichkeit, Loyalität aufzubauen, überzeugen Sie durch Kompetenz und Glaubwürdigkeit, Schaffen Sie ein Klima der gegenseitigen Kooperation und Unterstützung, respektieren Sie Ihre Mitarbeiter.

Nachwort

D. von Kopp, *Führungskraft – und was jetzt?*,
DOI 10.1007/978-3-662-50362-1_5, © Springer-Verlag Berlin Heidelberg 2017

Ziel des Buches war es, Ihnen einen praxisnahen Überblick zu verschaffen über die Möglichkeiten von Führung. Ich hoffe sehr, dass dies gelungen ist, dass Sie sich in den einzelnen Kapiteln wiederfinden konnten und auch in der Kürze der Kapitel wertvolle Anregungen erhalten haben. Sicher hätte man dieses Buch mühelos auf den doppelten Umfang bringen können. Es wäre dann jedoch doppelt so schwer und Sie hätten es vielleicht nicht mit in Park genommen, um darin zu lesen. Aus meiner Sicht haben Sie genügend Informationen, um an den Start zu gehen. Erfolg bedeutet für mich in diesem Projekt, wenn sich die Theorie des Buches in der Praxis als brauchbar erweist. Ich freue mich auf Ihre Rückmeldungen und wünsche Ihnen viel Energie und gutes Gelingen für Ihre kommenden Aufgaben (◙ Abb. 5.1).

◙ **Abb. 5.1** Gutes Gelingen!

Serviceteil

D. von Kopp, *Führungskraft – und was jetzt?*,
DOI 10.1007/978-3-662-50362-1, © Springer-Verlag Berlin Heidelberg 2017

Interview mit
Dennis Almagro Crespo, Copilot

- **Erinnern Sie sich an den ersten Tag, an dem Sie in Uniform vor Ihrem Team aufgetreten sind?**

Ja, das tue ich, sehr gut sogar. Ich war sehr aufgeregt. Es war das erste Mal, dass ich wirklich zeigen musste, dass ich als Pilot Führungskompetenz besitze. Nach außen hat man es vielleicht nicht gesehen, aber innerlich war ich ganz schön nervös.

- **Haben Sie sich besonders vorbereitet?**

Ja, sicher. Auf jeden Flug bereite ich mich vor. Aber bei diesem Flug habe ich besonders darauf geachtet, dass ich auch nichts vergessen habe, da schaut man dann schon mal dreimal über die Unterlagen. Zu Hause habe ich mich vor den Spiegel gestellt und geschaut wie ich in Uniform wirke.

- **Haben Sie sich auch einen Führungsstil übergelegt, also wie Sie Menschen führen möchten?**

Ja, schon. Ich möchte einfach durch meine Art führen. Ich möchte nicht in eine Rolle schlüpfen, sondern so sein, wie ich bin. Mein Stil ist eher die Ruhe. In der Ruhe liegt die Kraft. Das ist etwas, das ich gut finde. Das habe ich bei vielen Kapitänen auch schon beobachtet, dass sie mit Ruhe und Geduld das Team sehr gut für sich gewinnen können. Dass sie mit Ruhe für ein positives und angenehmes Klima sorgen.

- **Sie fliegen jetzt seit einem Jahr. Hat es auch schon Herausforderungen gegeben?**

Ja, sicher, insofern, dass ich schon einmal einen kompletten Flug allein vorbereiten musste, weil der Zubringerflug des Kapitäns Verspätung hatte. Aber ganz ehrlich, Herausforderung war auch einer der Gründe, warum ich mich für diesen Beruf entschieden habe.

- **Sie sind als Copilot in einer mittleren Position zwischen Kapitän, Purser und Flugbegleitern. Was ist das besondere an Ihrer Funktion?**

Ich bekomme Aufgaben übertragen vom Kapitän. Man vertraut mir relativ schnell. Und es ist schön zu sehen, dass ich Vertrauen von den Kollegen geschenkt bekomme.

- **Gibt es da etwas, das Sie aktiv unternehmen können,
  um dieses Vertrauen zu bekommen?**

Ich glaube schon, dass man aktiv werden muss, um dieses Vertrauen zu bekommen. Es fängt schon damit an, wie ich mich vorstelle. Der erste Moment, in dem man sich trifft, ist das Briefing. Da gibt man sich die Hand und schaut dem anderen kurz in die Augen. Sonst hat man nicht viel Berührung mit den Kollegen. Es sind gerade diese fünf bis zehn Minuten und da muss man eben sehen, dass man das Vertrauen auch gewinnt. Das fängt an durch Präsenz und das gesamt Auftreten – wie trete ich meinen Arbeitskollegen gegenüber?

- **Haben Sie noch einen Tipp für angehende Copiloten?**

Gute Vorbereitung ist alles.

- **Sie sind ja auch Sportler, Eishockeyspieler, und waren
  Mannschaftkapitän, u. a. bei den Frankfurter Lions. Haben Sie
  Parallelen feststellen können zwischen Ihren Aufgaben als
  Mannschaftskapitän im Sport und der Arbeit als Pilot?**

Im Mannschaftssport ist es eine etwas andere Art von Führung. Da ist es eher so, dass der Kapitän die Mannschaft auf einer emotionalen Schiene führt und die Mannschaft auch mal aufputscht, wenn sie emotional am Tiefpunkt ist. Da kann es durchaus passieren, dass es mal etwas lauter wird.

- **Hatten Sie als Copilot auch schon Situationen,
  in denen Sie Ihre Crew so richtig motivieren mussten?**

Das nicht – wenn es so kommt, mache ich das natürlich gern.

Ich hatte nur einmal eine Kollegin, der ging es unheimlich schlecht. Und die habe ich motiviert, nach Hause zu gehen, sich auszuruhen. Sie hatte Angst zu sagen, ich trete diesen Flug nicht an. Diese Angst vor negativen Konsequenzen konnte ich ihr nehmen. Wir haben dann jemanden aus dem Standby aktiviert.

- **Haben Sie abschließend noch einen Tipp für Führungskräfte
  allgemein?**

Es gibt nicht die perfekte Führungsperson. Da muss einfach jeder seinen Weg finden. Ich habe gemerkt, dass man, wenn man eine gewisse Präsenz, Ruhe und Geduld ausstrahlt, auch eine gewisse Bestimmtheit, und auf die Leute eingeht, auf einem guten Weg ist. Ich bin noch lange nicht am Ziel, aber ich bin auf dem guten Weg dahin, hoffe ich zumindest. Ich hole mir häufig aktiv Feedback ein. Frage dann, was war gut, was war nicht so gut, was kann ich besser machen? Ich gebe auch gern Feedback. Man kann nur dazulernen, man kann sich stetig verbessern.

Interview mit Uwe Loewer, pensionierter Lehrer und Studienrat

- **Herr Loewer, worin sehen Sie die Herausforderungen in Bezug auf Führen?**

Die sehe ich in der Tat, und zwar darin, den Spagat zu meistern zwischen Anweisen und kooperativem, harmonischem, sozialen Miteinander.

- **Womit haben Sie die besseren Erfahrungen gemacht?**

Natürlich mit dem kooperativen Stil. Mein Motto war immer »Wir finden uns«.

- **Woraus beziehen Sie ihre Motivation?**

Ich wollte immer die Individualisierung vorantreiben, Kräfte mobilisieren. Wenn ich Stärken und Schwächen kenne, kann ich den Einzelnen entsprechend fördern.

- **Waren Sie immer erfolgreich? Gab es auch Schüler, die nicht mitgezogen haben?**

Sicher, die gab es auch. Leute, die das »uns« nicht akzeptieren. Denen mache ich natürlich weiter Angebote. Aber es gibt einfach welche, die stark Leistungsmotivierten, die brauchen den Zugang gar nicht in dem Maße. Die ziehen ihr Ding einfach durch. Die greifen die Angebote weniger ab. Die sind sehr auf ihre eigenen Leistungen konzentriert.

- **Hat sich das im Lauf der letzten Jahre gesteigert?**

Ja ganz klar, der Raum wird enger, der Konkurrenzdruck steigt.

- **Wie haben Sie Ihre Motivation über Jahrzehnte aufrechterhalten können?**

Man braucht von Zeit zu Zeit einen Wechsel im Aufgabenbereich. Ich habe als Lehrer an verschiedenen Schultypen unterrichtet, lange Zeit am Gymnasium, Universitäten, auch einmal zehn Jahre in der VHS als Fachbereichsleiter, und dann hatte ich eine gute Zeit in Rumänien, wo ich das deutsche Sprachdiplom geprüft habe.

- **Wie sind Sie mit Konflikten umgegangen?**

Sachlich. Ich habe immer versucht, mich auf die Inhalte zu konzentrieren. Und nach positiven Sachen gesucht. Die findet man auch. Ich wollte die

Schüler immer auffangen und entwickeln. Noch heute, nach zwanzig Jahren, stehe ich mit einigen in Kontakt. Das nennt man dann wohl nachhaltig. (lacht)

Auch für mich war und ist es ein permanenter Lernprozess. Mit jedem Schüler lernt man etwas dazu.

Interview mit Ana Martin-Villalba, Professorin für Molekulare Neurobiologie

- **Sie sind sozusagen eine Fachfrau für Gene. Glauben Sie, dass es so etwas gibt wie ein Leadership-Gen?**

Nein. Glaube ich nicht. Ich glaube, das ist mehr eine Summe von Erfahrungen, die jemanden dazu bringen, zu führen.

- **Sie haben persönlich schon relativ früh Führungserfahrung gesammelt. Was bewegt Sie persönlich dazu, Führungspositionen einzunehmen?**

Das ist eine schwierige Frage, die man sich normalerweise nicht stellt. Also ich glaube, man denkt nicht darüber nach, sondern man tut es. In der Wissenschaft stellt man Hypothesen auf und versucht sie zu beweisen und dann findet man sich in einer Gruppe von Leuten wieder, die das mitmachen, und es ergibt sich unbewusst, dass man dann auf die Führungsebene tritt. Es ist eher die fachliche Kompetenz, die einen dazu bringt, zu führen. Dazu gehört auch die Akzeptanz der anderen in der Gruppe.

- **Gab es Situationen, in denen Sie diese Akzeptanz aktiv herstellen mussten?**

Akzeptanz entwickelt sich. Es ist nicht dieselbe Autorität, die man hat, wenn man die erste Arbeitsgruppe leitet. Erstens ist es dann eine viel kleinere Gruppe, das heißt, man hat eine ganz andere Beziehungsintensität zu den Mitarbeitern. Es besteht nicht so viel Abstand. Und die Autorität lebt auch ein bisschen von diesem Abstand.

Und es sind die Erfahrungen, ganz klar die fachliche Kompetenz, die man hat, je älter man ist. Also von daher denke ich schon, dass es mit der Zeit viel einfacher ist, als Führungsperson angenommen zu werden.

- **Dass sich sozusagen eine natürliche Autorität entwickelt über die Kompetenz.**

Ja. Und ich glaube auch, dass es schwieriger ist, wenn man sehr jung aussieht. Ich denke, das spielt schon eine Rolle.

- **Kennen Sie diese Schwierigkeiten aus eigener Erfahrung?**

Wenn man jung aussieht, ist es eher eine Frage der Akzeptanz durch andere Führungskräfte. Es ist die Frage, ob sie einem die Kompetenz auch zutrauen. Das ist etwas anderes, als eine Gruppe von Mitarbeitern zu leiten. Denen hat man die Kompetenz schon bewiesen. Deshalb kommen sie, deshalb sind sie da und arbeiten mit einem. Natürlich spielt es eine Rolle, wie man auftritt, wie man sich kleidet, wie alt man ist, wie man aussieht.

- **Haben Sie sich auf solche Treffen mit anderen Führungs-kräften im Rahmen von Konferenzen und Fachtagungen besonders vorbereitet, auch in Bezug auf Ihr Äußeres, um älter und kompetenter zu wirken?**

Nein. Also man macht sich ab und zu schon Gedanken, dass man nicht mit Jeans und einem T-Shirt auftritt, weil man dann eben nicht angenommen wird. Aber das haben Junge wie Alte, man kleidet sich anders, wenn man zu solchen Meetings geht.

Also wenn man in Elitegremien ist, dann weiß man, man ist eben da, weil man etwas gezeigt hat, das ist ganz klar.

Aber wenn man sich eher auf einer mittleren Ebene befindet und auch noch eine Frau ist, wird schon mal geglaubt, man sei die persönliche Referentin der Kollegen. Das passiert schon oft.

- **Sie sind ja Spanierin, leben und arbeiten in Deutschland. Haben Sie kulturelle Unterschiede zum Thema Führung festgestellt?**

In Spanien war ich keine Führungskraft. Von daher kann ich das nicht so gut beurteilen, weil das Kontrollexperiment fehlt. Ich glaube trotzdem, dass es mehr weibliche Führungskräfte in Spanien gibt, und von daher spielt es dort vielleicht weniger eine Rolle, ob man eine Frau ist. Es wird leichter angenommen als in Deutschland. Hier, denke ich, ist es abhängig vom Einsatzbereich. z. B. im medizinischen Bereich ist es viel schwieriger, als im wissenschaftlichen Bereich, wo mehr Frauen auf internationaler Ebene dabei sind. Es ist sehr auffällig: Die meisten weiblichen Führungskräfte in der Wissenschaft stammen überproportional nicht aus Deutschland. Und ich glaube, es spielt schon eine Rolle, ob du in einem nationalen Rahmen bist oder in einem internationalen. In einem lokalen Krankenhaus z. B. ist es viel schwieriger, sich als Frau durchzusetzen, als im internationalen Rahmen. In anderen Ländern ist es vielleicht einfacher und vielleicht gibt es da auch mehr Frauen, die sich das trauen würden.

- **Das Forschungsteam um Sie herum ist ja auch international. Es ist davon auszugehen, dass es sich um die besten Experten handelt. Wie schaffen Sie es, aus diesen Experten die Leistungen herauszuholen, die Sie sich vorstellen?**

Sie meinen die Leute in meiner Gruppe?

- **Ja.**

Also es liegt sehr an einem selbst. Wenn man die Kompetenz und die Leistung bewiesen hat, dann bekommt man leichter die besseren Leute. Es ist mir wichtig, dass diese Gruppe von Wissenschaftlern gut miteinander auskommt. Dass sie sich gegenseitig helfen. Das Verfolgen eines gemeinsamen Ziels ist attraktiver, lohnenswerter und effizienter für jeden Einzelnen.

- **Wie verhindern Sie Konkurrenz untereinander?**

Indem jeder einen ganz klar abgetrennten Bereich bearbeitet. Es ist sehr wichtig, dass man Teams zusammenstellt, in denen es klar ist, wer wofür zuständig ist. Wo jeder für sich die Kompetenz und Verantwortung übertragen bekommt. Und dass dies klar definiert ist.

- **Wie halten Sie sich als Führungskraft für Ihre Gruppenmitglieder zur Verfügung? Sind Sie jederzeit ansprechbar oder haben Sie feste Zeiten, wie regeln Sie das?**

Ich versuche, immer ansprechbar zu sein. Das heißt, wenn es dringende Dinge gibt, weiß jeder, er kann kommen. Aber es wird immer schwieriger, freie Termine zu bekommen. Von daher machen wir sehr oft auch Termine mit den Mitarbeitern.

- **Was macht Ihnen am meisten Freude am Führen?**

Freude ... dass ich mit so vielen Leuten zu tun habe und die Puzzlestücke zusammenbringen kann. Also jeder hat selber sein Puzzlestück und als Führungskraft hat man die Aufgabe, alle zusammenzubringen.

Man kann Ziele verfolgen, die man alleine nicht bewältigen könnte. Und das führt dazu, dass man Ziele wirklich erreichen kann.

- **Haben Sie einen Tipp für angehende Führungskräfte?**

Man muss immer mit sehr offenen Karten spielen.

Erfolg und Kompetenz sollte klar definiert sein, jeder sollte seinen Bereich haben. Man sollte die Stärken der Einzelnen erkennen und da einsetzen, wo sie nützlich sind.

Und was man bedenken sollte: Als Führungskraft ist man auf sich allein gestellt. Zumindest wenn es sich um einen pyramidale Struktur handelt. Was wichtig ist und was einem sehr hilft, ist die Vernetzung mit anderen

Führungskräften. Damit man sich austauschen kann, wenn man Probleme mit den Mitarbeitern hat oder sonstigen Diskussionsbedarf. Dass man andere Führungskräfte fragen kann, ob sie das Problem kennen. Diese Netzwerkkomponente ist ganz wichtig.

- **Gibt es in Ihrem Bereich typische Probleme mit Mitarbeitern?**

Klar, es gibt immer Mitarbeiter, die ihre Schwächen nicht gut kennen, Mitarbeiter, die ihre Ziele nicht erreichen, Mitarbeiter, die die Autorität nicht anerkennen, oder solche, die private Probleme haben, bei denen man nicht weiß, wie man damit umgehen kann. Und dann hilft es schon, sich mit anderen Führungskräften auszutauschen. Zu verstehen, was habe ich falsch gemacht, was würde ich in Zukunft auf jeden Fall anders machen. Das ist schon sehr wichtig. Das hilft einem sehr.

- **Wie pflegen Sie Ihre Netzwerke? Gibt es viele Möglichkeiten zum persönlichen Austausch oder funktioniert das eher auf anderen Wegen?**

Also es gibt schon immer wieder Möglichkeiten für Begegnungen mit anderen Führungskräften. Man geht auf Kongresse, oder trifft sich in Gremien. Und da tauscht man sich aus. Oder wenn man wirklich Probleme hat, geht man einfach zu den Kollegen und fragt.

- **Hat dieses Netzwerken Ihnen auch schon persönlich geholfen, Ihre Karriere gefördert?**

Es hilft immer. Ja. Es ist schon so, wenn man häufig auftritt in einem Gremium, um ein Thema zu repräsentieren, wird man auch beim nächsten Mal gebeten, dies zu tun. Wenn man nicht auf der Bühne steht, wird man vielleicht seltener gefragt. Man muss schon etwas tun, sich aktiv einbringen. Alles läuft dann innerhalb dieser Netzwerke.

Also ich denke, man erreicht alles mit der fachliche Kompetenz, aber wenn man dann noch die Netzwerke hat, werden die »discoveries« schneller sichtbar. Und man muss seine Ergebnisse, zumindest in meinem Bereich der Wissenschaft, auch verkaufen können und mit den anderen diskutieren.

- **Haben Sie eine Mission, ein Ziel für Ihre Arbeit?**

Ziel der biomedizinischen Forschung ist, dass das, was wir im Labor machen, auch irgendwann den Patienten erreicht und erfolgreich ist. Damit das, was wir tun, auch einen Sinn hat. Ein allgemeines Ziel ist es, die Gesetze der Natur zu verstehen, und ich meine damit, dass das, was wir sehen, richtig interpretiert wird.

- **Und Ihr persönliches Forschungsziel – lässt sich das in ein, zwei Sätzen zusammenfassen?**

Wir arbeiten an Stammzellen im Gehirn. Mein persönliches Forschungsziel ist es, zu verstehen, wie groß das Potential zur Regeneration im Gehirn ist.

Interview mit
Ludwig Rausendorff, Flugkapitän

- **Wie haben Sie den Wechsel vom Copilot zum Kapitän erlebt?**

Man wird ja im Lufthansa Konzern recht lange auf diese Aufgabe vorbereitet. Man ist jahrelang Copilot, kann sich da schon eine Menge abschauen von den Kapitänen und hat dann während des Trainings zum Kapitän noch sechs Monate Zeit, sich in diese Rolle hineinzufinden. In dieser Zeit fliegt man dann gemeinsam mit Ausbildungskapitänen. Nichtsdestotrotz war es, als der letzte Tag mit einem Ausbildungskapitän gelaufen war, ein sehr aufregender Moment. Aber ich muss sagen, ich fühlte mich sehr gut vorbereitet auf diesen Tag.

- **Erinnern Sie sich an den ersten Flug als Kapitän?**
  Wie haben Sie sich gefühlt?

Komisch habe ich mich gefühlt. Ich denke es war ähnlich wie beim allerersten Flug auf der rechten Seite, nur dass jetzt noch andere Aufgaben hinzugekommen sind. Jetzt war man plötzlich der, der die finalen Entscheidungen trifft. Aber alles in allem muss ich sagen, war es zwar aufregend, weil man eben keinen mehr hatte, den man fragen konnte, aber durch die gute Vorbereitung war da trotzdem schon eine Sicherheit.

- **Haben Sie als Führungskraft ein Geheimrezept?**

Ich denke, es ist wichtig, Ruhe zu bewahren und sich immer erst einmal einen Überblick zu verschaffen, bevor man anfängt zu agieren.

- **Gibt es besonders schöne Momente im Fliegeralltag,**
  in denen Sie denken, mir macht es jetzt richtig Spaß,
  Führungskraft zu sein?

Besonders schön finde ich es, wenn man einen herausfordernden, anspruchsvollen Tag hatte und diesen Tag gut gemeistert hat. Wenn man im Crewbus feststellt, dass alle zufrieden sind mit dem Tag und jeder motiviert war.

Manchmal ist es schwierig die Motivation, über 12 Stunden konstant aufrecht zu erhalten. Wenn das dann wirklich gelungen ist, war es ein guter Tag.

- **Haben Sie einen Trick, wie Sie es in diesen schwierigen Momenten schaffen, Ihre Mitarbeiter zu motivieren?**

Ich habe festgestellt, dass man am besten motiviert, indem man viel Lob verteilt und eine klare Linie verfolgt. Dass man mitteilt, wie man sich den Tag und die gemeinsame Arbeit vorstellt, und das in einer Art und Weise kommuniziert, wie man sich wünscht, dass andere mit einem selbst kommunizieren.

- **Haben Sie eine Botschaft, die Sie angehenden Führungskräften mit auf den Weg geben möchten?**

Scheut Euch nicht, auf andere zuzugehen!

Interview mit
Nanine Linning, Choreographin

- **Was verstehen Sie unter Führung?**

Mir ein Ziel zu setzen und andere zu inspirieren, sich mir anzuschließen. Ich mag es, wenn Menschen mir ihr Vertrauen schenken, und umgekehrt möchte ich ihnen Vertrauen schenken. Ich finde es wirklich gut, die Qualitäten, die jemand hat, herauszufinden, damit zu arbeiten und sie noch stärker zu machen.

- **Was ist das Geheimnis Ihres Erfolges?**

Dass wir Spaß haben, zusammenzuarbeiten, wir sind sehr kreativ und verspielt und wir haben diesen inneren Drang, etwas Überragendes zu schaffen. Das Publikum zu begeistern, ob im Theater, in einer Ausstellung oder im Fernsehen. Wir möchten ihnen eine außergewöhnliche Erfahrung bereiten. Und weil ich jeden im Team so stark einbeziehe, fühlt sich jeder als Teilhaber. So haben alle das Gefühl, es ist ihre eigene Produktion, auch ihr eigener Erfolg. Das gibt jedem ein hohes Maß an Verantwortung und alle machen mit, diesen Traum zusammen zu verwirklichen.

- **Wie bringen Sie die unterschiedlichen Charaktere**
  unter einen Hut?

Ich denke, die goldene Regel lautet: Ich bin der Kapitän. Jeder weiß, wie gerne ich mir die Ideen und den Input anhöre, und jeder weiß auch, wenn wir wirklich zusammenarbeiten, können wir enorm viel gemeinsam erreichen. Eine Menge Ideen kommen von den Tänzern. Aber sie wissen, dass ich die finale Entscheidung treffe und dass ich der Leader bleibe.

- **Haben Sie so etwas wie einen Stellvertreter in Ihrem Team?**

Wir haben viele verschiedene Führungspersönlichkeiten in unserem Team. Einige Tänzer arbeiten seit etlichen Jahren mit mir zusammen und ich kenne sie sehr gut. Wir haben eine besondere Bindung zueinander. Und der Nachwuchs möchte das auch haben, am liebsten ganz schnell. Aber sie erkennen auch, dass sie mehr Erfahrung und Wissen über ihre Arbeit brauchen. Ich würde sagen, jeder hat verschiedene Talente. Von einigen möchte ich behaupten, dass sie in ein paar Jahren meine persönlichen Assistenten sein könnten. Dann gibt es andere, die keine geborenen Leader sind, die sich gerne führen lassen. Manchmal, wenn ich das Team in kleinere Gruppen aufteile, bestimme ich einen Gruppenleiter. Und das akzeptieren dann auch die anderen. Es ist offensichtlich, dass es manche gibt, die eine höhere Autorität haben als andere.

- **Wenn Sie neue Tänzer rekrutieren, wissen Sie dann, ob Sie einen Anführer suchen oder eher einen Follower?**

Ja, das tue ich. Wenn ich jemanden suche, weiß ich genau wofür. Weil es sehr wichtig ist, die richtige Balance in der Gruppe zu halten. Wenn wir zu viele Anführer haben, bekommen wir Schwierigkeiten, sind es zu wenige, kann ich nicht arbeiten. Ich bin nicht zur Unterhaltung da. Also sind wir so stark wie das schwächste Glied in der Kette. Ich brauche Input von jedem Einzelnen. Manchmal brauche ich wirklich eine dominante Alpha-Person, manchmal muss es ein freiheitsliebendes, wildes, chaotisches Energiebündel sein, manchmal brauche ich eine verspielte, Aufmerksamkeit auf sich ziehende Person, manchmal muss es jemand Ruhiges, Verlässliches, Verantwortungsvolles sein.

- **Wissen Sie bereits im Voraus, wie lange Sie mit Ihren Tänzern arbeiten werden?**

Wenn ich Tänzer auswähle, habe ich ein gutes Gespür dafür wie lange es halten könnte. Manchmal weißt du innerhalb eines Monats, dass du sehr, sehr lange zusammenbleiben möchtest. Aber man muss zusammenwachsen, um herauszufinden, ob es auf Gegenseitigkeit beruht. Weil sie mit mir ebenso gut können müssen, wie ich mit ihnen. Es muss eine gegenseitige Liebe sein. Leidenschaft, Zuneigung, positive Energie müssen von beiden Seiten kommen. Es ist ein Fifty-fifty-Deal, zusammenzuarbeiten.

- **Das sieht man deutlich, wenn man sich Ihre Arbeiten anschaut. Jeder ist mit jedem verbunden, voller Leidenschaft und Begeisterung. Es ist eine starke Bindung innerhalb der Gruppe, echte Teamarbeit.**

Sicher, aber man kann auch sehen, dass es Personen gibt, die dies absolut verkörpern, so lange sie in der Gruppe sind, aber sobald man sie herausnimmt, sind sie weniger voll von dieser positiven Energie und dem Einverständnis. Dann gibt es welche, die das aufrechterhalten können, wenn sie für sich allein stehen. Und diese Personen könnten, wenn sie wollen, meine persönlichen Assistenten werden. Sie müssen mich repräsentieren, sie müssen ein Botschafter meiner Philosophie und meiner Arbeit sein, meiner Leidenschaft und meiner Art zu führen. Sie müssen nicht einfach nur eine Produktion auf die Beine stellen, sondern die »Nanine-Energie« hineinbringen. All das Unausgesprochene ist sehr, sehr wichtig, um ein Team zu formen.

- **Genau das war es, was ich dachte, als ich die erste Produktion von Ihnen gesehen habe: dass es eine eigene unvergleichliche Marke ist, und ich habe mich gefragt wie das gelingt. Geben Sie Ihren Tänzern eine Mission vor?**

Wir machen das zusammen. Wir setzen uns ein paarmal im Jahr zusammen und schauen uns an, was wir erreicht haben. Was war der Erfolg, was ist die neue Vision, das neue Ziel, und dafür müssen wir unsere Mission ebenfalls verändern. Also machen wir ein Brainstorming und ich fordere sie auf, eine gemeinsame Mission zu entwickeln. Anders läuft es nicht. Wenn ich eine Mission vorgebe, fehlt ihnen die Mitbestimmung. Um einen wirklich starken Teamgeist in der Gruppe zu haben, frage ich jeden Einzelnen was seine Ziele für das laufende Jahr sind, was er erreichen möchte, wo er sich im nächsten Jahr sieht, was er sein möchte. Und ich versuche, das in unsere Mission mit einzubeziehen. Nur dadurch wird jeder Einzelne stärker. Manche sagen, ich möchte mehr schlafen, andere möchten ihre Kreativität entwickeln oder besser im Training sein oder an ihrem Fokus arbeiten oder ihre Fitness verbessern. All das versuchen wir einzubeziehen. So, dass es eine Win-win-Situation für jeden von uns ist. Ich denke, wir können nur erfolgreich sein, wenn jeder für sich auch persönlich erfolgreich ist.

- **Und Sie unterstützen Ihre Tänzer in all ihren persönlichen Bedürfnissen?**

Ich versuche es. Natürlich, wenn jemand mehr schlafen möchte, kann ich schlecht sagen, geh' früher ins Bett, aber alles was die Arbeit im Studio betrifft, versuche ich auf jeden Fall in unsere tägliche Arbeit zu integrieren. Ich kann die Trainingszeiten optimieren – im Theater finden ja beispielsweise viele Proben spät am Abend noch statt. Ich habe dafür gesorgt, dass wir tagsüber trainieren, weil das weniger anstrengend für den Körper ist. Wenn es gewünscht ist, machen wir Extratraining, machen unterschiedliche Sportarten, Yoga, Fitnesstraining, Unterricht mit Gastchoreographen, wir führen Diskussionen und sehen uns Dokumentationen an oder wir setzen uns hin und analysieren unsere eigenen Videos. Wir könnten viel mehr tun, davon abgesehen, aber wir haben nur 40 Stunden pro Woche im Studio zusammen, was recht viel ist, aber gleichzeitig habe ich Ideen für 200 Stunden pro Woche. Also muss ich ein bisschen die Balance halten und Woche für Woche, Monat für Monat sehen, was wir brauchen. Unmittelbar vor einer Premiere ist es stressiger, anstrengender, die Gefahr für Verletzungen steigt. Also muss ich sehr gut abwägen, wie ich mich verhalte. Manchmal ist es sinnvoll zu pushen, um das Beste aus ihnen herauszuholen, manchmal braucht es das Gegenteil. Dann musst du es sehr langsam angehen, viele Komplimente machen und sie zum Essen einladen. Du musst sensibel bleiben für deine Gruppe.

- **Wie halten Sie es mit Entscheidungen?**

Es gibt Entscheidungen, die ich ganz allein treffe, und dann mache ich eine Ansage. Während dieser Ansage kann ich sehr aufmerksam sein und spüren, wie die Reaktionen aussehen werden. Manchmal habe ich wirklich schlechte Nachrichten. Dann versuche ich von meinem Standpunkt aus dabei zu helfen, diese Nachrichten zu bewältigen. Indem ich versuche, im Ausgleich etwas anderes dafür zu geben. Ich versuche also immer herauszufinden, wie ich eine gute Energie in der Gruppe halten kann. Ich versuche immer zu erklären, warum es zu einer Entscheidung gekommen ist. Indem ich dies tue, können sie sich zumindest selbst ein Bild davon machen. Und manchmal sage ich auch, was es mit mir macht. Damit sie das Gefühl bekommen, dass wir es gemeinsam tragen. Zu sehen, dass es eine Sache von außerhalb ist und wir damit leben müssen.

Wenn ich keine Ansage habe, sondern eher eine Frage, dann sage ich: »Seht, dies ist es, was ich mir vorstelle, wonach ich suche. Lasst uns fünf Minuten überlegen, was wir tun können.« Aber die Regel ist, und das weiß jeder, am Ende entscheide ich. Es kann vorkommen, dass ich zehn verschiedene Möglichkeiten höre und dann doch eine ganz andere wähle. Aber entscheidend ist immer der Weg dahin. Dann verstehen sie erst, wie vielfältig die Aspekte einer Sache sind.

- **Haben Sie eine Empfehlung für neue Führungskräfte?**

Ich denke, jeder ist ein Leader. Aber manche Leute möchten kein Leader sein, weil sie dann Entscheidungen treffen müssen, Verantwortung tragen, Mehrarbeit haben. Ich denke, jeder kann führen. Eltern z. B., sie führen ihre Kinder. Ich denke, die besten Leader sind solche, die bei sich selbst beginnen. Weil man zuerst sich selbst führen muss. Man muss sein Leben auf eine ganz besondere Fähigkeit ausrichten und dann kann man beginnen, andere zu führen. Erfolg heißt für mich nicht allein in einer Produktion erfolgreich zu sein. Ich möchte als Mensch erfolgreich sein. In meinem Leben, meinen Beziehungen, meiner Gesundheit, meiner Vitalität, meinen Finanzen, in meinem Umweltbewusstsein, in meiner Karriere, meinen Freundschaften. Erfolg ist für mich in einem größeren Kontext definiert, als ein erfolgreiches Bühnenstück zu schaffen. Menschen, die neu in einer Führungsposition sind, oder solchen, die dorthin möchten, rate ich: Wenn du dich wirklich erfolgreich durch dein eigenes Leben führen kannst, durch all die Dinge, die dir im Leben begegnen, dann wirst du automatisch die Fähigkeiten entwickeln, die du brauchst, um ein Team zu führen.

Literatur

Allen, T. & Berinato, S. (2010). Sie müssen omnipräsent sein. *Harvard Business Manager 12/2010,* 108–113.

Amundsen, R. (2011). Die Eroberung des Südpols. Wiesbaden: Edition Erdmann.

Antonovsky, A. (1979). Health, Stress and Coping. San Francisco: Jossey-Bass.

Aristoteles (1985). Nikomachische Ethik. In: Bien, G. (Hrsg.). Philosophische Bibliothek, Bd. 5. Hamburg: Meiner.

Bierhoff, H.-W. & Müller, G.F. (2005). Leadership, mood, atmosphere and cooperative support in project groups. *Journal of Managerial Psychology*, 20, 483–497.

Birnbacher, D. & Krohn, D. (2002). Das sokratische Gespräch. Leipzig: Reclam.

Bonhoeffer, T. & Gruss, P. (Hrsg.) (2011). Zukunft Gehirn. Neue Erkenntnisse, neue Herausforderungen. Ein Report der Max-Planck-Gesellschaft. München: C.H. Beck.

Bruno, T. & Adamczyk, G. (2011). Körpersprache. Taschenguide. Freiburg: Haufe.

Cicero (1986). De oratore. Über den Redner. Leipzig: Reclam.

Csíkszentmihályi, M. (1992). Flow. Stuttgart: Klett-Cotta.

Csíkszentmihályi, M. (2012). Flow. Das Geheimnis des Glücks. 16. Aufl., Stuttgart: Klett-Cotta.

Damasio, A.R. (2007). Descartes' Irrtum. Fühlen, Denken und das menschliche Gehirn. Berlin: List.

Dietz, K.-M. & Kracht, T. (2002). Dialogische Führung. Frankfurt/M.: Campus.

Drucker, P.F. (2009). Die fünf entscheidenden Fragen des Managements. Weinheim: Wiley-VCH.

Drucker, P.F. (2009). Kleines Weißbuch. München: FinanzBuch Verlag.

Drucker, P.F. (1999). Die Kunst, sich selbst zu mangen. *Harvard Business Manager, 21/5,* 9–19.

Einstein, A. (2006).The world as I see it. New York: Kensington Publishing Corp.

Frey, D., & M. Irle.(2002). Theorien der Sozialpsychologie (Bd. III).Bern: Huber.

Eller-Berndl, D. (2010). *Herzratenvariabiliät*. Wien: Verlagshaus der Ärzte.

Gardner, H., Csíkszentmihályi, M., Damon, W. (2008). Good Work. When Excellence and Ethics Meet. New York: Basic Books.

Gendlin, E.T.(1978). Focusing. New York: Bantam.

Gigerenzer, G. (2008). Bauchentscheidungen – Die Intelligenz des Unbewussten und die Macht der Intuition. München: Goldmann.

Gladwell, M. (2002). The Tipping Point. How Little Things Can Make a Big Difference. New York: Back Bay Books.

Gladwell, M. (2005). Blink! Die Macht des Moments. Frankfurt: Campus.

Güssow, V. (2013). Die Präsenz des Schauspielers. Berlin: Alexander Verlag.

Hallowell, E.M. (2011). Shine. Using Brain Science to get the Best from Your People. Boston: Havard Business School Publishing.

Heckhausen, J. & Heckhausen, H. (2010). Motivation und Handeln. Berlin Heidelberg New York Tokio: Springer.

Heider, F. (1977). Psychologie der interpersonalen Beziehungen. Stuttgart: Klett.

Heisenberg, W. (1986). Quantentheorie und Philosophie: Vorlesungen und Aufsätze. Leipzig: Reclam.

Hersey, P. & Blanchard, K.H. (1993). Management of organiszational behaviour: Utilizing human resources. Englewood Cliffs, NJ: Prentice Hall.

Hörmann, H.-J. (1994). Urteilsverhalten und Entscheidungsfindung. In: H. Eißfeldt, K.-M. Goeters, H.-J. Hörmann, P. Maschke & A. Schiewe (Hrsg.) Effektives Arbeiten im Team: Crew Resource-Management-Training für Piloten und Fluglotsen. Hamburg: Deutsches Zentrum für Luft- und Raumfahrt.

Jonas, H. (2003). Das Prinzip der Verantwortung. Frankfurt a.M.: Suhrkamp TB.

Kahnemann, D. (2012). Schnelles Denken langsames Denken. München: Siedler Verlag.

Kant, I. (1961). Grundlegung zur Metaphysik der Sitten. Stuttgart: Reclam.

Kant, I., Gregor, M. (1996) (Eds.). The Metaphysics of Morals. Cambridge Texts in the History of Philosophy. Cambridge: University Press.

Konfuzius. (2011). Gespräche. Hamburg: Nikol.

Kouzes, J. & Posner, B. (2012). The Leadership Challenge. How to make extraordinary things happen in organisations. 5th ed., San Francisco: Jossey-Bass.

Kopp, D.v. (2008). Salutogenese - Konzept und Bedeutung. München: Grin.

Kotter, J.P. (2012). Die Kraft der zwei Systeme. In: *Harvard Business Manager, Dez. 2012*, 22.

Laotse (2010). Tao te king. *Das Buch vom Sinn und Leben*. Hamburg: Nikol.

Lay, R. (2003). Dialektik für Manager. 7. Aufl., Berlin: Ullstein.

Lopez, S.J. & Snyder, C.R. (2011). The Oxford Handbook of positive Psychologie. New York: Oxford University Press.

Levy, S. (2011). In The Plex: How Google Thinks, Works, and Shapes our Lives. New York: Simon & Schuster.

Luft, J. & Ingham, H. (1955). The Johari Window, a graphic model for interpersonal relations. Western Training Laboratory in Group Development. Los Angeles. University of California. Extension Office.

Luhmann, N. (1987). Soziale Systeme. Grundriss einer allgemeinen Theorie. 15. Aufl., Frankfurt/M.: Suhrkamp.

Malik, F. (2009). Systemisches Management, Evolution, Selbstorganisation. Grundprobleme, Funktionsmechanismen und Lösungsansätze für komplexe Systeme. 5. Aufl., Bern: Haupt.

Maturana, H.R. & Varela, J.F. (2009). Der Baum der Erkenntnis. Die biologischen Wurzeln menschlichen Erkennens. Frankfurt/M.: Fischer.

McClelland, D.C. (1987). Human Motivation. Cambridge: Cambridge University Press.

Miller, P. (2010). Die Intelligenz des Schwarms: Was wir von Tieren für unser Leben in einer komplexen Welt lernen können. Frankfurt/M.: Campus.

Müller, G.F. & Braun, W. (2009). Selbstführung. Bern: Huber.

Neuberger, O. (2002). 6. Aufl. Führen und führen lassen. Stuttgart: UTB.

Nietzsche, F. (1988). Zur Genealogie der Moral. Leipzig: Reclam.

Nietzsche, F. (2005). Ecce Homo. München: C.H.Beck.

Rath, T. & Conchie, B. (2013). Führungsstärke. Was erfolgreiche Führungskräfte auszeichnet. München: Redline Verlag.

Riggio, R.E., Murphy, S.E., Pirozzolo, F.J. (2002).Multiple Intelligences and Leadership. London: LEA Publishers.

Rosenstiel, L.v., Regnet, E. & Domsch, M. (1999). Führung von Mitarbeitern. 4. Aufl., Stuttgart: Schäfer-Poeschel.

Rosenzweig, Ph. (2008). Der Halo-Effekt: Wie Manager sich täuschen lassen. Offenbach: Gabal.

Roth, G. (2001). Fühlen, Denken, Handeln. Wie das Gehirn unser Verhalten steuert. Frankfurt/M.: Suhrkamp.

Rogers, C. (2012). Der neue Mensch. Stuttgart: Klett-Cotta.

Sandberg, S. (2013). Lean in. Frauen und der Wille zum Erfolg. Berlin: Ullstein.

Schäfer, F. (2009). Erfolgreiche Kooperation in Unternehmen: Warum wir mehr brauchen als gute Führungskräfte. Frankfurt/M.: Campus.

Scheler, M. (1999). Ethik und Kapitalismus. Zum Problem des kapitalistischen Geistes. Berlin: Philo.

Schlegel, L. (1995). Die transaktionale Analyse. Berlin: UTB.

Schuler, H. (2007). Lehrbuch der Organisationspsychologie. Bern: Huber.

Schopenhauer, A. (2009). Über die Freiheit des menschlichen Willens, über die Grundlage der Moral. Zürich: Diogenes.

Schäfer, A. (2008). Followership. Spotlight auf die unteren Ränge. In: Gehirn und Geist. 11/08, 16–21.

Senge, P., Klostermann, M., Freundl, P. (2011). Die fünfte Disziplin: Kunst und Praxis der lernenden Organisation. 11. Aufl., Stuttgart: Schäffer-Poeschel.

Seligman, M.E.P. & Csíkszentmihály, M. (2000). Positive Psychologie. American Psychologist, 55, 5–14.

Shamir, B., Pillai, R., Bligh, M.C., Uhl-Bien, M. (2007) (Eds.). Follower-Centered Perspectives on Leadership (Leadership Horizons). Wiltshire: Bertrams Print on Demand.

Sloterdijk, P. (2005). Im Weltinnenraum des Kapitals. Frankfurt/M.: Suhrkamp.

Sprenger, R.K. (2012). Radikal führen. Frankfurt New York: Campus.

Steinmann, K. (1999). Das Leben des Diogenes von Sinope erzählt von Diogenes Laertios. Zürich: Diogenes.

Popper, K.R. (1996). Alles Leben ist Problemlösen: Über Erkenntnis, Geschichte und Politik. München Zürich: Piper.

Popper, K.R. & Eccles, J. C. (1989). Das Ich und sein Gehirn. München Zürich: Piper.

Porter, M.E. (2009). On Competition. Boston: Harvard Business Review Press.

Watzlawick, P. (2006). Die erfundene Wirklichkeit. Wie wissen wir, was wir zu wissen glauben? München Zürich: Piper.

Zeug, K. (2013). Wozu die Schufterei? Handelsblatt Karriere 3/2013, 14–15.

Heisenberg, W. (2013). Die Unschärferelation. http://www.br.de/fernsehen/br-alpha/sendungen/werner-heisenberg/unschaerferealtion100.html

Senge, P. (2010). Systems thinking in action. Conference preview. http://www.youtube.com/watch?v=E7_-nfb3f1s

Wilson, P.R. (1968). Perceptual distortion of height as a function of ascribed academic status. Journal of Social Psychology, 74, 97–102.

Stichwortverzeichnis